AF452165

1227
27714
Richelieu

27.71

INTERROGATOIRES

SUBIS PAR MADAME LA PRÉSIDENTE

DE SAINT-VINCENT,

PARDEVANT

M. LE LIEUTENANT-CRIMINEL

AU CHATELET DE PARIS.

(1)

INTERROGATOIRES

SUBIS PAR MADAME LA PRÉSIDENTE

DE SAINT - VINCENT,

PARDEVANT

M. LE LIEUTENANT-CRIMINEL

AU CHATELET DE PARIS.

PREMIER INTERROGATOIRE,

Commencé le 17 Août 1774.

1. **A** VONS mandé & fait venir de sa prison du Grand-Châtelet la dame de Saint-Vincent ; laquelle après ferment, a dit se nommer Julie Devence de Ville-neuve, épouse de Jules de Fauris de Saint-Vincent, ancien Président au Parlement d'Aix, âgée de 38 ans, native de Vence, demeurante au Couvent de la Miséricorde, rue du vieux Colombier, faisant élection de domicile au susdit Couvent.

2. Interrogée en quelle année elle s'est mariée, & combien elle a vécu avec son mari ?

A dit qu'elle s'est mariée à l'âge de 15 ans, ne se rappelle précisément de l'année : a vécu 4 ans avec M. le Président de

A ij

Saint-Vincent ; qu'au bout de ce tems fon mari lui ayant propofé de fe placer dans un Couvent, elle l'a accepté, vu que
les humeurs ne fympathifoient pas ; qu'elle s'eft d'abord reti-
réé au Couvent d'Apajony, où elle eft reftée 15 ans.

3.   Si lors de cette retraite elle n'avoit aucun reproche à fe faire,
& fi fa famille n'a point concouru à cette retraite forcée de fa
part, & obtenu un ordre du Roi, à l'effet de la faire refter
dans un Couvent ?

A dit que l'ordre du Roi n'a point été obtenu pour elle, mais
feulement pour que les Religieufes ne puffent pas la renvoyer
à leur volonté ; qu'elle n'avoit alors, comme elle n'a encore
aujourd'hui, aucun reproche à fe faire, contre les fentimens
& la probité.

4.   Où elle a été en fortant de ce Couvent ?

A dit qu'au bout de trois ans de féjour de fa part au Couvent
de l'Apajony, fitué en la petite ville de Milhaut, elle eut occafion d'écrire à M. le Maréchal de Richelieu, au fujet du frère
d'une Religieufe dudit Couvent, qui follicitoit une grace ; &
déclare qu'elle va nous dire toute l'hiftoire de fa connoiffance
& de fes relations avec M. le Maréchal de Richelieu.

Et a dit de foi qu'elle a vu pour la premiere fois M. de Richelieu à Aix, il y a nombre d'années, chez M. de Vence fon
pere, ou chez Madame de Latour, ne fe rappelle lequel ; elle
étoit alors fille ou nouvellement mariée : qu'il ne faifoit que
paffer à Aix, enforte que cette entrevue n'eut aucune fuite,
jufqu'à l'époque de la lettre dont elle nous a ci-deffus parlé,
qu'elle écrivit en faveur du fieur Defangles : convient qu'à cette
époque elle n'avoit *aucune relation* avec M. de Richelieu, & ne
fe prêta à écrire au Maréchal que par un petit mouvement
de vanité & pour paroître en relation avec des perfonnes puif-
fantes. En effet M. de Richelieu fit accorder la grace qu'elle
demandoit pour le fieur Defangles, & lui écrivit une lettre fort
honnête pour la lui annoncer ; que d'après cette *premiere relation*, le Maréchal écrivit à la Répondante, au moins une fois
par femaine ; qu'elle lui faifoit réponfe exactement, & que
cette correfpondance étoit *fur un ton de cérémonie tendre*, M. de
Richelieu mettant en tête de fes lettres : *Madame*, & elle,
Monfeigneur ; qu'au bout de feize ans M. le Maréchal lui écrivit

qu'elle étoit fa coufine, & lui difoit les chofes les plus tendres, la flattant de fa proteƈtion, de fon crédit & *de fa bourfe*, & renouvelloit fes promeffes toutes les fois qu'il écrivoit ; cela fit tourner la tête à la Répondante, qui crut qu'elle alloit être élevée au plus haut degré de puiffance & de grandeur ; M. le Maréchal lui envoya *une fois mille écus*, par une refcription qu'il tira fur le fieur Bergeret, enfuite il l'engagea, toujours par lettres, de le venir trouver à Paris, à Tours ou à Poitiers, & qu'il lui feroit tout le bien imaginable ; qu'elle n'avoit qu'à dire *Amen* à tout ce qu'il alloit faire pour elle ; il l'engagea plus particuliérement de fe rendre à Poitiers. La Répondante lui fit faire réflexion qu'elle avoit des dettes à Milhaut, & qu'elle n'ofoit pas les avouer à fon mari, à quoi le Maréchal répondit *par une lettre qu'il adreffa au fieur Defangles, en le priant de fe charger de 7200 livres*, montant des dettes de la Répondante, & qu'il en répondoit ; le fieur Defangles le fit, & en a beaucoup fouffert, car il n'eft pas encore tout-à-fait payé, & ce qu'il a touché c'eft des deniers de la Répondante.

Que réfolue de partir elle demanda la permiffion à fon mari d'aller à Poitiers ; mais le fieur de Saint-Vincent, ayant appris que le Maréchal avoit fait conftruire un appartement à Poitiers, le refufa : elle quitta néanmoins le Couvent de Milhaut, & fe rendit à Tarbes par l'ordre de fon mari ; que M. le Maréchal l'en fit fortir en lui envoyant *un ordre de M. de la Vrilliere qui lui rendoit fa liberté*, & vint à Poitiers dans cet appartement préparé pour elle ; que les ouvriers ont cherché à l'en éconduire, parce qu'ils n'étoient point payés ; elle n'y fut pas plutôt que le Maréchal écrivit à la Répondante qu'il alloit l'y venir voir. Il y vint en effet un mois ou deux après ; dès qu'il fut arrivé à Poitiers, il lui envoya un exprès pour l'avertir qu'il feroit chez elle le lendemain à neuf heures du matin. Il fe rendit chez elle à l'heure indiquée, & paffa trois heures avec elle ; que ce jour il lui donna une tabatiere d'or, *& commença fes belles promeffes qui font* aujourd'hui le malheur de la vie d'elle Répondante : que la Répondante depuis ce tems a reçu des lettres avec le cachet de M. le Maréchal, venues par le courier & par la pofte, dans lefquelles il promettoit en premier lieu 45,000 livres, puis 100,000 livres, puis 145,000 livres, 200,000 livres, & enfin

245, 000 livres; qui eſt-ce qui n'auroit pas dit que ces lettres venoient de M. le Maréchal ? Si elles ne fuſſent pas venues de lui, M. le Maréchal le lui eût écrit, attendu que la Répondante faiſoit exactement réponſe à toutes ſes lettres : enfin preſſée par ſes créanciers, & n'ayant pas de quoi vivre, car ſon mari ne lui donnoit rien, elle écrivit au Maréchal qu'elle ne ſavoit plus que devenir. *Pendant ſon ſéjour à Poitiers il s'eſt paſſé un événement entre M. le Maréchal & elle, qu'elle ne veut point dire, & qui a été le motif des promeſſes qu'il lui a faites.*

Sur cette derniere lettre d'elle Répondante, M. le Maréchal lui écrivit de quitter *furtivement Poitiers*, & de venir à Paris ; elle ſuivit le conſeil du Maréchal, & ſe rendit au Couvent de la Miſéricorde de cette ville, où elle reſta quinze jours *à mourir de faim*, ſans avoir de quoi vivre ; elle écrivit au Maréchal de venir la voir, il y vint : elle lui dit en ces termes : *Mon couſin, je ne puis pas emprunter, parce que je ſuis en puiſſance de mari, donnez-moi quelque choſe ponr que je puiſſe emprunter deſſus. Il lui fit de ſa propre* main une eſpece de billet ou mandat de 100, 000 écus qu'il ſigna : la Répondante, en poſſeſſion de cet écrit, le fit voir à un homme d'affaires, qui lui dit qu'elle ne trouveroit jamais à emprunter un ſol ſur ce papier, qui n'étoit qu'un chiffon, & depuis, *par haſard*, une fois au Luxembourg à M. Deſgouttes, ancien Avocat au Parlement, dont on lui avoit parlé comme d'un homme de beaucoup d'eſprit.

Obſerve à cet égard, qu'*elle avoit fait donner rendez-vous à cet Avocat au Luxembourg ;* que Me. Deſgouttes, après avoit vu ledit papier, lui dit qu'il ne valoit abſolument rien, & qu'il falloit propoſer à M. le Maréchal de ſigner un autre mandat, dont il donna même, à ce qu'elle croit, le modele par écrit. La Répondante envoya en effet ce mandat à M. le Maréchal, *le priant de vouloir bien ſigner celui-là, & qu'elle déchireroit l'autre.* M. de Richelieu eut la bonté de le ſigner quelques jours après, ne croit pas qu'il le fit tout de ſuite. L'échéance de ce mandat paſſée, n'oſant pas demander d'argent à M. de Richelieu, *mais étant ſans le ſol & obligée de vendre ſes nippes*, elle fut conſulter Me de la Tour, Avocat, demeurant rue du Four-ſaint-Germain, lequel eſt actuellement à Montauban, & doit revenir au mois de Septembre ; elle demanda à cet Avocat qu'il lui donnât une forme de billets *à longues échéances* , mais qui fuffent en bonne form**o**. Il en fit plufieurs, un de cent mille écus , & cinq de chacun de 60 , 000 livres, *tous à ordre ;* ledit Mᵉ de la Tour lui fit de plus un modele de lettre pour M. de Richelieu , qui difoit : « *mon cher coufin* , *je vous prie* de vouloir bien figner le billet de » cent mille écus , ou ceux de 60, 000 livres chacun ». Que cela fait, la Répondante écrivit fa lettre à M. de Richelieu fur le modele donné par l'Avocat ; devant M. Vedel, elle inféra les cinq billets de 60,000 livres chacun, & celui de cent mille écus , écrits par ledit Mᵉ de la Tour, dans ladite lettre. M. de Vedel porta la lettre avec Marion , femme-de-chambre de la Répondante , à l'hôtel de M. le Maréchal, & la donna lui-même au Suiffe : *le lendemain, qui étoit jour de dimanche ou de fête* , fe promenant dans la chambre de l'Aumônier du Couvent où elle demeure, le laquais de M. le Maréchal, nommé Saint-Jean , lui apporta un paquet couvert d'une enveloppe, fur laquelle étoit le cachet aux armes de M. le Maréchal ; il contenoit trois des billets qu'elle lui avoit envoyés la veille , celui de 300,000 liv. & les deux autres de chacun 60,000 livres, & une lettre d'envoi du même caractere que celui qu'elle croyoit être de la main de M. le Maréchal.

Huit jours après, elle dit à l'Aumônier du Couvent, les croyant toujours de M. le Maréchal , je voudrois bien en mettre un en gage. L'Aumônier fut chez un Notaire, & ce Notaire fut chez celui de M. le Maréchal, & lui fit voir l'un des billets de 60,000 liv. que lui avoit confié la Répondante. Le Notaire du Maréchal lui répondit, à l'infpeƈtion de la fignature, *ah, mon Dieu, je réponds de cette fignature comme de la mienne propre , & voilà la barre qu'il met au-deffous de fa fignature ;* & ajouta , *M. le Maréchal a effeƈtivement* 60,000 *livres à toucher à l'échéance de ce billet.*

D'après cela , la Répondante a vendu le fufdit billet au fieur Préville, moyennant 40,000 livres de refcriptions, & le furplus argent comptant.

Avons, attendu qu'il eft deux heures fonnées , continué le préfent interrogatoire à cejourd'hui de relevée.

Leƈture faite , a perfifté & figné, *figné* Vence de Saint-Vincent & Bachois.

Dudit jour de relevée.

Fait revenir ladite Dame de Saint-Vincent,
Laquelle, après ferment, a dit fe nommer, &c.

Et comme nous nous difpofons à faire un interrogat à ladite Dame de Saint-Vincent, elle nous a fupplié de lui laiffer continuer fon récit de ce matin, ce à quoi adhérant :

A dit, qu'*au mois de Février ou de Mars dernier*, voyant que le billet de 100,000 écus étoit trop fort pour efcompter, elle l'a fait réduire en petits billets, *qu'elle a portés ou fait porter par la nommée Marion*, fa femme-de-chambre, ne fe rappelle laquelle des deux, chez M. le Maréchal : *qu'étant allé chez lui le lendemain ou le furlendemain*, elle lui demanda s'il ne l'avoit pas oubliée ; que dans l'inftant il entra un Monfieur, que M. le Maréchal, fur l'annonce, dit, *que ce Monfieur entre ;* qu'étant entré, M. le Maréchal le pria de s'affeoir, à quoi le Monfieur répliqua que non, qu'il vouloit lui parler ; que M. le Maréchal dit, entrons dans ma falle, qui étoit voifine ; alors la Répondante dit, qu'au contraire elle alloit fortir & s'aller promener ; qu'elle fortit en effet & fe promena dans le jardin de M. le Maréchal, qu'étant revenue auprès de M. le Maréchal, elle lui dit, *vous ne m'avez pas oubliée, mon coufin ;* Non, dit-il, & voilà vos billets ; mais prenez garde, vous êtes une mauvaife tête ; n'allez pas faire la folle, en les vendant ou en les donnant ; qu'elle lui promit, mais ne lui a pas tenu parole.

Qu'en effet, deux ou trois jours après, elle en a donné à vendre au fieur Abbé de *Villeneuve de Trance*, qui vouloit les cautionner de toute fa légitime, mais qui n'a cependant pas trouvé à les vendre ; qu'elle en a pareillement confié au fieur de Vedel, qui n'a pas non plus trouvé à les vendre ; qu'elle en a donné au fieur Bennavent, qu'elle connoiffoit comme UN FAISEUR D'AFFAIRES ; que celui-ci les a donnés à un ufurier, qui a répandu des copies de ces billets qui ont couru fur toutes les places, & entre les mains de toutes fortes de gens, à l'infçu d'elle Répondante ; que M. le Maréchal en a eu connoiffance à Bordeaux, auparavant elle Répondante à Paris ; qu'il écrivit à la Répondante une lettre que lui apporta le fieur Marion ; ce

dernier

dernier alors dit à la Répondante : *Madame M. le Maréchal m'écrit qu'il court des billets fur la place, & il dit que c'eſt vous qui les faites courir ;* qu'elle Répondante, croyant encore en ce moment que M. le Maréchal l'ignoroit réellement, & qu'il la faifoit tenter pour s'aſſurer ſi elle avoit toujours ſes eſſets en ſa poſſeſſion ; c'eſt pourquoi elle feignit n'avoir aucune connoiſſance de l'objet de ces bruits ; que le ſieur Marion inſiſta & dit : on dit que c'eſt vous, Madame, qui les faites vendre ; à quoi elle rougit, & répondit : informez-vous qui eſt-ce qui en vend, & je vous aiderai à les découvrir ; qu'en elle-même elle fut très-allarmée ; qu'elle prit la lettre de M. le Maréchal que lui préſenta alors le ſieur Marion & ſe retira ; que ſortie d'avec ledit ſieur Marion, & après avoir lu la lettre de M. le Maréchal, elle courut chez les ſieurs Rubi & Benavent pour les empêcher d'ébruiter la préſentation en vente deſdits billets.

Que le lendemain elle écrivit une lettre à M. le Maréchal, qu'elle envoya toute ouverte au ſieur Marion, afin que le ſieur Marion eût connoiſſance de l'étonnement qu'affeſtoit la Répondante dans ladite lettre, afin qu'il ne pouſſât pas plus loin ſes perquiſitions ; *qu'enſuite elle envoya le ſieur Vedel* chez M. le Lieutenant-Général de Police, avec deux billets de M. le Maréchal, pour informer ce Magiſtrat qu'elle avoit réellement des billets de mondit ſieur le Maréchal ; *que le ſieur de Vedel* dit à M. de Sartine : Monſieur, Madame de Saint-Vincent m'envoye vous faire une confeſſion ſous le ſecret, que les billets de M. le Maréchal de Richelieu qui courent, ne ſont point faux ; en voici deux que je vous préſente, pour que vous les faſſiez vérifier par les Inſpecteurs de Police, s'ils ſont vrais ou faux, & je me ſoumets à tout, ſi vous les trouvez être faux. A quoi M. de Sartine répondit, en regardant ces deux billets de tous ſes yeux, Monſieur, il n'eſt pas beſoin de les vérifier : je connois l'écriture de M. le Maréchal ; vous pouvez garder ces billets, & je m'en vais lui écrire qu'il ne court pas de billets faux ; que cependant M. de Sartine laiſſa faire des informations par ledit ſieur Marion, au ſujet des billets dont eſt queſtion, & que par ſuite de ces informations le ſieur Marion convainquit bientôt la Répondante, qu'il étoit certain de la vente de partie deſdits billets ; ce qui a brouillé elle Répondante avec M. le Maréchal , lui a occafionné toutes les difgraces qui lui font furvenues par fa détention à la Baftille , & enfuite par fa détention ès prifons de céans.

Obferve qu'elle a fait offrir & même a offert par fes lettres à M. le Maréchal de réparer tous les torts qu'elle a eus dans cette affaire , en rendant les billets qu'il lui avoit donnés , & en payant ceux de Rubi ; qu'elle n'a plus rien à fe reprocher , & dira la vérité jufqu'au dernier moment de fa vie.

5.   Lui obfervons que , d'après le récit qu'elle vient de nous faire, il nous paroît que , fuivant ledit récit , elle a eu entre fes mains , ou au moins a pu avoir à la fois , pour un million vingt mille francs de billets de M. le Maréchal.

Savoir , 1°. M. Maréchal lui a donné un mandat de cent mille écus de fa main fur le fieur Pechot ; ce mandat n'a point été acquitté , & , d'après l'avis du fieur Defgouttes , Avocat , & du fieur Vedel , elle lui a écrit de lui en donner un autre , & ne lui a point renvoyé le premier mandat ; que M. le Maréchal lui a envoyé un fecond billet de pareille fomme ; voilà donc 600 , 000 livres de billets : que ce fecond mandat n'a point eu lieu , & M. le Maréchal lui a envoyé dans une lettre un autre billet de cent mille écus , avec deux billets de chacun foixante mille livres , ce qui fait bien un million vingt mille francs.

Lui obfervons qu'à cet égard elle nous a dit avoir déchiré ou brûlé les premiers billets de cent mille écus , à mefure qu'ils étoient renouvellés , mais que cela ne s'eft point fait devant M. le Maréchal ; enforte qu'il eft très-vrai de dire que , d'après le récit d'elle Répondante , M. le Maréchal de Richelieu a eu l'indifcrétion de fe mettre à découvert d'un million vingt mille livres , & de s'en rapporter à elle Répondante à cet égard ; qu'en outre M. le Maréchal a converti les billets de cent mille écus en différens billets de même valeur ; & quoiqu'elle nous ait dit , à l'égard de cette converfion , avoir reçu lefdits petits billets du Maréchal lui-même , & avoir déchiré celui de cent mille écus , elle nous a laiffé ignorer fi M. le Maréchal avoit vu déchirer ce dernier billet ; de maniere que s'il ne l'a pas vu , cela feroit un objet de treize cent vingt mille livres , dont M. le Maréchal fe feroit mis à découvert : lui obſervons qu'il eſt bien difficile de croire que M. le Maréchal de Richelieu ait eu une confiance auſſi aveugle pour une ſomme auſſi importante, & que cela forme contre le récit qu'elle vient de nous faire, une préſomption qu'elle doit détruire ſi elle le peut.

A dit qu'en changeant le premier billet de 100 mille écus, contre le billet de pareille ſomme, elle déchira ledit premier billet, *& tout le monde l'a vu déchirer ;* qu'elle l'a marqué à M. le Maréchal, en lui demandant celui qui a été ſubſtitué audit premier billet ; que, *quant à ce deuxieme mandat, il a pareillement été déchiré, parce qu'il étoit barbouillé ;* qu'elle croit même en avoir envoyé les morceaux à M. le Maréchal, qui lui a marqué dans une lettre : « Je ne conçois pas votre folie » de déchirer les billets que l'on vous donne, & de vouloir » qu'on vous en faſſe d'autres ».

Quant au troiſieme billet, elle l'a auſſi *déchiré* en préſence *de M. le Maréchal lui-même, & l'a jetté* dans ſa cheminée au *même inſtant ;* qu'elle ne croit pas que M. le Maréchal ait douté que, malgré la quantité de billets qu'il lui a donnés, elle en ait voulu garder plus qu'il n'avoit intention de lui donner.

6.   Lui obſervons que notre induction ſubſiſte toujours, & qu'il eſt vrai de dire, en admettant la vérité de ſon récit, que M. le Maréchal de Richelieu s'en eſt rapporté à elle pour la ſuppreſſion des billets, & en a laiſſé ſubſiſter entre ſes mains pour un million vingt mille francs ; ce qui eſt toujours bien difficile à croire : que d'ailleurs, dans l'état où elle ſe repréſente en arrivant à Paris, n'ayant pas, nous a-t-elle dit, *de pain*, obligée de *vendre ſes nippes*, il paroît extraordinaire que M. de Richelieu, qui pouvoit avec vingt-cinq ou trente louis appaiſer ces beſoins urgens & néceſſiteux, ait mieux aimé, lui voulant du bien, laiſſer ſubſiſter ſes beſoins & les rendre en quelque façon plus preſſans, en remettant à elle Répondante un billet de 100 mille écus, renouvellant ce billet juſqu'à trois fois, & y ajoutant deux autres billets de 60,000 liv. chacun, lui défendant toujours d'en faire uſage, & de les négocier de façon quelconque avant une année. Il étoit aſſurément abſurde de donner à une perſonne qui manquoit du plus étroit néceſſaire, une ſomme conſidérable, à al

charge de n'en pas faire ufage , & qu'il eût beaucoup mieux valu lui donner de quoi fubvenir à fes befoins preſſans ; ce qui forme encore une préſomption forte contre fon récit.

A dit que M. le Maréchal lui a donné fes billets dans la confiance qu'elle n'en feroit pas ufage , ou du moins fans intention de les payer jamais , mais feulement pour fe débarraſſer des inſtances de la Répondante , qu'il avoit fait venir à Paris & à qui il ne vouloit rien donner : que de plus il n'a eu la complaiſance de lui figner tant de billets, que pour fe délivrer des perſécutions qu'elle auroit dû naturellement lui faire , & qu'elle ne lui faifoit pas.

Et s'étant fait relire cette réponfe , a ajouté qu'elle n'a pas cru que le Maréchal lui payeroit jamais les billets en totalité ; mais qu'il lui donneroit quelques fommes pour racheter fefdits billets.

7. A elle remontré qu'elle a dit dans fes interrogatoires à la Baſtille , qu'elle avoit fourni à M. le Maréchal la valeur defdits billets ; qu'on a même avancé , lors de la négociation defdits effets, que M. le Maréchal avoit emprunté cette fomme de M. de Vence fon pere , lors de fon voyage à Aix.

Sommée de s'expliquer à cet égard , & de nous déclarer fi elle entend foutenir avoir fourni la valeur des 420 , 000 liv. de billets , foit par elle , foit par fon pere : fi au contraire , elle prétend que ce foit un préfent de M. le Maréchal , & lui obfervons qu'il ne paroît pas qu'aucun motif ait pu déterminer M. le Maréchal de Richelieu à faire un préfent de cette nature , vis-à-vis d'elle Répondante, puifque M. le Maréchal ne l'a vue que depuis 4 ou 5 ans : qu'avant , il lui avoit rendu fervice fans la connoître , en faifant lever la lettre de cachet obtenue contr'elle , & qu'à fuppofer que fa reconnoiſſance vis-à-vis de M. le Maréchal l'ait conduite à lui accorder à Poitiers tout ce qu'une femme peut accorder à un homme , il eſt peu probable que quelques années après il ait donné une fomme auſſi confidérable , pendant qu'il pouvoit la mettre à fon aife avec beaucoup moins.

A dit qu'elle n'a point dit avoir fourni la valeur defdits billets, que fi cela eſt écrit dans fes interrogatoires à la Baſtille , c'eſt une phrafe du Commiſſaire Chenon qu'elle n'adopte point : qu'elle n'a pas connoiſſance qu'il ait été dit que M. le Maréchal avoit emprunté cette fomme lors de fon voyage à Aix ; qu'elle foutient que M. le Maréchal en donnant à la Répondante des billets pour 420,000 livres, & point d'argent comptant, ne l'a pas payée du dédommagement d'avoir abandonné un accommodement dans fa famille, & des voyages, des dépenfes qu'elle a été obligée de faire d'un lieu en un autre pour le voir ; qu'elle ne feroit pas venue s'établir à Paris, où la dépenfe eft plus forte qu'ailleurs, s'il ne lui avoit ordonné dans une lettre ; & qu'étant obligée de vivre en cette ville, il n'y a pas trop de 420,000 livres qu'il ne veut pas payer ; que *de plus, M. le Maréchal étant à Poitiers avec elle Répondante, il s'y paffa quelque chofe de particulier entre eux, & qu'il doit bien fe rappeller, pour raifon de quoi il lui promit cent mille écus*, mais qu'elle n'a eu de tout cela qu'un procès criminel.

Ajoute, qu'elle a des lettres en fa poffeffion qui prouvent le fait qu'elle a avancé ci-deffus, & qu'elle produira lefdites lettres, fi par la fuite elle y eft contrainte pour fa juftification, & qu'une feule fuffira pour le caractérifer.

7 *bis.* Si elle n'a pas dit à Rubi & aux autres perfonnes à qui elle a propofé ou fait propofer les prétendus billets de M. le Maréchal, qu'il lui en avoit fait pour 200,000 livres ?

A dit que non.

8. Si elle n'a pas dit à M. de Sartine que M. le Maréchal ne lui devoit rien, & qu'il lui avoit fait pour 200,000 livres de billets au porteur pour prix de fes faveurs, & que s'il y en avoit pour plus grande fomme, elle ne les reconnoiffoit point ; aujourd'hui elle déclare en avoir pour 420,000 liv., pourquoi ces variations fur des faits importans, & faits pour fixer la mémoire ?

A dit, que quand M. de Sartine lui demanda : pour combien avez-vous bien de billets ? Elle a répondu, le fieur Rubi en a pour 80,000 livres, le fieur Guefpereau pour 60,000 livres ; & comme elle en tenoit deux à la main, M. de Sartine a dit, & deux que voici ? cela fait 200,000 livres ; n'a point dit qu'elle avoit reçu 200,000 livres pour fes faveurs ; que le fieur Leffart chercha à l'interloquer : qu'elle nie avoir dit que s'il y avoit pour plus de 200,000 livres des effets de M. le Maréchal, elle ne reconnoiffoit pas l'excédent.

Ajoute, qu'elle foutient que M. le Maréchal ne lui doit point les 200,000 livres de billets dont eſt queſtion ; mais prétend qu'il lui doit des dédommagemens au-deſſus de cette ſomme , par toutes les dépenſes qu'il lui a occaſionnées, & le dérangement de ſes affaires avec ſa famille ; & que le tort qu'il lui fait eſt conſidérable, que toute ſa fortune ne dédommageroit point elle Répondante.

9. Quelle dépenſe elle a pu faire pour le Maréchal , & lui obſervons qu'elle paroît avoir paſſé ſa vie dans le plus grand dénuement, brouillée avec ſon mari & ſa famille , renfermée par lettres de cachet pendant plus de vingt ans, d'abord à Milhaut , enſuite à Tarbes, enſuite à Poitiers, toujours dans des Couvens : que loin qu'elle ait fait quelque choſe pour M. le Maréchal , c'eſt lui qui eſt venu à ſon ſecours, en lui faiſant paſſer premierement une ſomme de 3000 livres, en engageant le ſieur Deſangles à lui prêter de quoi payer ſes dettes ; en employant tout ſon crédit pour faire lever la lettre de cachet qui la retenoit ; s'expoſant même pour elle à des priſes aſſez vives qu'il a eues avec ſes parens, entr'autres avec M. de Caſtellane, en telle ſorte que c'eſt elle qui a été obligée envers M. de Richelieu.

A dit, que les dépenſes qu'elle a faites conſiſtent dans ſes différens voyages pour chercher M. le Maréchal , & par tout ce qu'il a pu lui dire pour l'y obliger ; qu'elle eſt obligée de payer Deſangles, qui a été aſſigné, & a penſé perdre ſa charge pour exécuter les ordres de M. le Maréchal ; qu'elle a payé l'appartement de Poitiers ; quant aux criſes qu'il a eues avec ſa famille , d'elle Répondante, ſadite famille ne lui eſt guere obligée , ni elle Répondante , non plus que M. de Caſtellane qui ſoutenoit l'honneur d'elle Répondante , & qu'elle ne pouvoit pas vivre avec ce que ſon mari lui donnoit ; que ſi elle n'avoit pas inſtruit ſon pere des billets à elle donnés par M. le Maréchal, il ne l'auroit pas laiſſée à Paris.

10. A elle remontré que les billets prétendus de M. le Maréchal n'ont pas pu influer ſur ſon ſéjour à Paris, & qu'elle n'a pu en inſtruire M. ſon pere , puiſque ces billets ſont poſtérieurs à ſa réſidence en cette ville.

11. A dit, qu'auſſi-tôt ſon arrivée en cette ville, M. le Maréchal lui a donné le premier billet de cent mille écus, & qu'elle en a inſtruit ſon pere,

11. S'il n'eſt pas vrai que pendant le ſéjour d'elle Répondante à Poitiers, M. de Richelieu ne l'a vue que deux fois chaque année, une demi-heure chaque fois en allant à ſon Gouvernement, & que la premiere fois fut en 1771 ?

A dit, que M. le Maréchal ne paſſoit à Poitiers que pour la voir, puiſque dès qu'il avoit mis pied à terre, il ſe tranſportoit dans l'appartement d'elle Répondante au Couvent, & y reſtoit quatre ou cinq heures enfermé dans ſa chambre, qu'à la vérité ces viſites n'avoient lieu qu'en allant & revenant de ſon Gouvernement; qu'il eſt cependant venu une fois la voir exprès de Richelieu, mais qu'elle recevoit des lettres de lui deux fois la ſemaine.

13. S'il n'eſt pas vrai que depuis ſon ſéjour à Paris, au Couvent de la Miſéricorde, M. le Maréchal ne l'a été *voir que cinq à ſix fois*, & n'y eſt reſté qu'une demi-heure ou trois quarts d'heure chaque fois; ſi lors de ces viſites il l'a trouvée en compagnie, & ſur tout en celle du ſieur Vedel ?

A dit, qu'il eſt venu la voir au ſuſdit Couvent plus de trente fois; qu'il eſt reſté avec elle, ne peut dire le temps, mais qu'il a toujours paru à elle Répondante qu'il y étoit reſté deux heures; que M. le Maréchal ſait bien qu'il a trouvé chez elle Répondante une fort jolie demoiſelle, *& jamais le ſieur Vedel.*

Ajoute, qu'elle a été chez lui plus de *cent* fois; qu'elle a reçu des billets de lui par ſon laquais, nommé Saint-Jean, quelque fois même la nuit; qu'elle montoit leſdits billets dans ſa chambre à la faveur d'un fil qu'elle tendoit par la fenêtre de ſa chambre audit Saint-Jean; que quand elle étoit une ſemaine ſans le voir, il lui écrivoit pour lui en faire des reproches; *qu'elle a leſdits billets chez elle, & les produira en temps & lieu.*

14. Si à chaque viſite d'elle Répondante à l'hôtel de Richelieu, elle n'y eſt pas toujours venue avec des dames, & ſi elle y a trouvé le Maréchal ſeul ?

A dit, qu'elle a été chez M. le Maréchal trois ou quatre fois avec des dames, & que les autres fois elle l'a trouvé ſeul ou avec des filles.

15. S'il n'eſt pas plutôt vrai qu'elle n'eſt venue audit hôtel que trois ou quatre fois ?

A dit, qu'elle s'en réfere à ce qu'elle a dit ci-deſſus, ſoutenant avoir été cent fois audit hôtel : qu'elle l'a trouvé le plus souvent seul.

16.   Dans quel tems elle lui a parlé de ce qu'elle prétend qu'il lui devoit, & dans quel tems il s'est décidé à lui faire le mandat de 100 mille écus fur le Banquier Pechot ?

A dit qu'elle lui en a parlé toutes les fois qu'elle a eu occasion de lui renouveller ses bontés prétendues ; qu'il a pris sa résolution lui-même, & sans qu'on lui inspirât de faire ledit mandat sur le fieur Pechot de sa propre main, & qu'elle croit qu'il étoit de la date du mois d'*Avril* de l'année derniere.

17.   Si elle a préfenté ce mandat au fieur Pechot, & qui lui a indiqué que la forme de ce billet n'étoit pas bonne ?

A dit, qu'elle n'a jamais préfenté ni parlé de ce billet au fieur Pechot, & que c'eft le fieur Defgouttes, Avocat, qui l'a eftimé de nulle valeur ; lequel fieur Defgouttes étoit avec trois ou quatre perfonnes, defquelles étoit à coup sûr ledit fieur Vedel.

18.   Quand le Maréchal a-t-il fait le deuxieme mandat fur le fieur Pechot, conforme à celui donné par le fieur Defgouttes ?

A dit, qu'il l'a fait *au mois d'Avril 1773*, payable au mois d'Août ou Septembre fuivant ; que l'échéance étant paffée depuis fon tems, & n'ayant ofé le négocier auparavant, parce que l'échéance étoit trop courte, elle fe réfolut à demander les billets à ordre à longues échéances, afin de ne jamais inquiéter M. le Maréchal.

19.   Qui a écrit le corps du fecond billet de 100 mille écus ?

A dit que c'eft *Defgouttes qui l'écrivit chez lui*, & l'apporta deux jours après au Luxembourg, à elle Répondante, à qui il le remit, ne fait fi elle étoit avec quelqu'un lors de cette remife.

20.   Pourquoi ayant été, ainfi qu'elle nous l'a dit, plus de cent fois chez M. le Maréchal, y ayant fes entrées à toutes les heures, recevant des lettres de lui fans nombre, ne l'a-t-elle pas prié *dans un de fes tête-à-tête* de faire le billet en queftion, écrit en entier de fa main ; & lui obfervons, qu'indépendamment qu'il n'eft pas vraifemblable en général qu'une homme figne un billet de 100,000 écus écrit par un autre, cela le devient d'autant moins dans l'efpece, que, fuivant ce qu'elle nous a dit, M. le Maréchal vouloit que fes billets fuffent ignorés, au moins

pendant

pendant une année, & que lui préfenter un billet écrit de la main d'un autre, c'étoit lui faire fentir que fon fecret étoit déja éventé.

A dit qu'elle a donné le modele du billet écrit par la main d'un autre, parce que fi M. le Maréchal eût été chargé de la forme, il auroit été fembable au premier qui ne fignifioit rien; qu'elle a mieux aimé lui écrire pour lui demander de le figner, que de lui dire elle-même, parce qu'on aime mieux écrire que de demander; que quant au fecret, elle le croyoit gardé, parce qu'un Avocat doit garder le fecret qu'on lui confie, & que M. le Maréchal n'a pas fait cette réflexion.

21. Si elle a préfenté ce fecond mandat au fieur Pechot ?

A dit que non.

Si elle n'a pas été trouver Pechot pour l'engager à lui prêter une modique fomme d'argent, fous prétexte de fa parenté avec M. le Maréchal ? fi ce fieur Pechot ne lui fit pas entendre qu'il lui donneroit volontiers quelques fecours, s'il en recevoit l'ordre de M. le Maréchal, & fi elle en a parlé à M. le Maréchal ?

A dit qu'elle avoit écrit de Poitiers au fieur Pechot de lui prêter cinquante louis pour faire le voyage de Paris; que le fieur Pechot avoit fait une réponfe vague à cette demande, qui ne l'avoit point fatisfaite; qu'étant arrivée en cette Ville, elle a été deux jours après chez le fieur Pechot avant de fe préfenter chez M. le Maréchal, & a demandé audit fieur Pechot de lui prêter quelqu'argent, ne fe rappelle pas la fomme que le fieur Pechot lui dit, que fi M. le Maréchal lui en donnoit l'ordre, il le feroit, & qu'elle n'y a pas retourné.

22. Si M. le Maréchal ne lui a pas donné depuis qu'elle eft à Paris quelque fecours d'argent fur l'expofé de fes befoins, & fi cet argent n'a pas été plus fort que dix ou douze louis chaque fois ?

A dit qu'une feule & unique fois elle a reçu de M. le Maréchal 6 louis, après les avoir demandés comme une charité à M. le Marechal.

Si elle n'a pas été prendre des étoffes chez Madame Buffaut, fous le nom de M le Maréchal, fans mandat de fa part, & fous le prétexte de fa parenté avec lui ?

C

A dit qu'en arrivant, ayant befoin de robes, & n'ayant point d'argent, elle pria le fieur Buffaut de lui fournir à crédit, en difant qu'elle étoit parente de M. de Richelieu, pour donner de la confiance à ce Marchand, fans cependant fe prévaloir de ce nom, & qu'elle a payé, de fon propre argent, 900 livres, dont le fieur *Abbé Froment*, Aumônier, s'étoit obligé pour elle.

24. Lui avons repréfenté plufieurs lettres à elles prétendues adreffées par M. le Maréchal, & par elle remifes à M. de Sartine, fommée de déclarer fi elle les reconnoit, & de produire les originaux defdites lettres, & lui obfervons que par celle datée de Trianon du 26 *Mai*, M. le Maréchal lui fait des reproches de ce qu'elle a été chez Buffaut prendre des étoffes fous fon nom, il lui reproche auffi fon peu de bon fens, & l'exhorte à ne pas fe mettre dans le cas de fe repentir des démarches qu'il a faites pour elle, & le mettre dans le cas d'effuyer des reproches des Miniftres auxquels il a répondu d'elle ; & lui obfervons encore que de cette lettre, réfultent plufieurs conféquences ; 1°. qu'elle a réellement pris des étoffes fous le nom de M. le Maréchal ; 2°. que le Maréchal, malgré les fervices qu'il lui rendoit, avoit une très-mince idée de la prudence d'elle Répondante, de maniere qu'il eft très-difficile, pour ne pas dire impoffible, qu'avec cette idée M. le Maréchal fe foit déterminé à lui faire des billets d'une maniere auffi capable de fe compromettre ; 3°. enfin que les befoins d'elle Répondante & les dettes qu'elle contractoit pour des robes & autres objets, n'auroient jamais exigé des billets pour 420,000 l.

A dit qu'elle reconnoît ledit recueil de lettres comme copie de lettres qui lui ont été écrites par M. le Maréchal, dont elle n'a point les originaux, parce qu'ils lui ont été ôtés lorfqu'elle a été renfermée à la Baftille, & *que c'eft le Commiffaire Chenon qui les lui a prifes* ; qu'elle ne s'eft fervie du nom du Maréchal, chez Buffaut, que pour avoir du crédit ; qu'elle n'en obtint pas davantage, puifque le neveu d'elle Répondante fut obligé d'en répondre fur le champ ; que l'opinion que M. le Maréchal avoit de la tête d'elle Répondante, ne lui a pas empêché de lui faire fes billets, mais qu'elle eft la caufe qu'il les lui nie, & qu'avec une meilleure tête il n'auroit pas ofé faire tant de billets, parce qu'elle en auroit tiré tout l'avantage, & qu'il ne gagneroit rien au procès qu'il lui fuſcite, parce qu'il y trouveroit de quoi le jetter dans laplusgrande confuſion,

Qu'enfin les billets étoient pour lui procurer une maiſon en cette Ville, & de quoi la ſoutenir.

25.   Si M. le Maréchal ne l'a pas pas ſollicitée & vivement preſſée, *avant ſon départ pour Bordeaux*, de payer 3500 liv. qu'elle devoit à Poitiers?

A dit qu'il ne lui en a point parlé à Paris avant ſon départ, mais qu'en paſſant à Poitiers, il reçut des reproches qu'on faiſoit des pourſuites pour ſon appartement de Poitiers, & qu'elle lui avoit promis de payer ce qui étoit dû ; qu'il étendoit ſes réponſes ſur ce qu'il n'avoit pas rempli cette promeſſe.

26.   A elle remontré que nous avons tout lieu de croire que M. le Maréchal l'a vivement ſollicitée à payer cette dette de Poitiers pendant ſon ſéjour à Paris, avec d'autant plus de raiſon qu'il avoit été lui-même preſſé par M. de la Vrilliere qui en avoit été importuné, de terminer cette affaire ; que d'ailleurs cela paroît conſtant par différentes pieces, émanées d'elle, & trouvées dans les poches du ſieur Benavent.

A dit que ce n'eſt que ſur ce que M. le Maréchal lui a écrit de Poitiers, qu'*elle* a écrit au ſieur Benavent de ſe hâter, de vendre & finir l'affaire qu'il avoit entamée pour pouvoir payer la dette de Poitiers.

27.   Par qui elle Répondante a fait écrire le billet de 100 mille écus, & les autres billets de 60000 livres, & par qui elle les a envoyés à M. le Maréchal ?

A dit que c'eſt le ſieur *Deſgouttes* qui a fait ce corps deſdits billets, qu'elle les a fait porter à M. le Maréchal par la nommée Marion ſa femme-de-chambre, & par le ſieur Vedel, *le 12 Novembre dernier*, & que le lendemain 13 elle a reçu les mêmes trois billets ſignés de M. le Maréchal.

28.   A elle remontré qu'indépendamment du peu de vraiſemblance qu'il y a que M. le Maréchal ait ſigné auſſi des billets écrits de la main d'un tiers, nous avons lieu de croire qu'il eſt impoſſible, comme elle nous le dit, qu'elle ait envoyé leſdits billets le 12 Novembre dernier à l'Hôtel de Richelieu, à Paris, & les ait reçus le 13, vu que le Maréchal avance

pareillement qu'il étoit le 13 Novembre à Fontainebleau, &
que ce fait se trouve prouvé d'ailleurs par une lettre, dont
elle a remis la copie à M. de Sartine, datée par M. le Maréchal, de Fontainebleau du 13 Novembre 1773.

A dit qu'elle continue à *affirmer que M. le Maréchal étoit*
à Paris le 13 Novembre 1773 , & que la lettre susdatée ne
peut pas avoir été écrite à Fontainebleau ledit jour par M.
le Maréchal ; ajoute qu'elle n'a fait cette affirmation du 13
Novembre que par le calcul qui a été fait depuis avec l'Abbé
Froment, du jour qu'elle a reçu lesdits billets signés de M.
le Maréchal, *qui étoit un jour de Fête ou de Dimanche.*

29.   A elle remontré qu'elle doit s'expliquer positivement ; qu'elle
a jusqu'à présent, dans ses interrogatoires, à la Bastille, &
par tout, dit que c'étoit le 13 , & qu'elle ne change d'idée à
cet égard que parce que nous venons de lui parler de la lettre
datée de Fontainebleau le 13 Novembre 1773.

A dit que ce n'est que par cette raison qu'elle se dédit, mais
que c'est parce que sa mémoire ne lui fournit pas à cet égard.

Sait parfaitement que *c'étoit dans le commencement de No-*
vembre qu'elle a reçu lesdits billets, signés, *en revenant de*
l'Office du jour.

Avons continué le présent interrogatoire au premier jour,
& avons, ainsi que la Répondante, paraphé le cahier de lettres susdites.

Lecture, a persisté & signé, *signé*, VENCE DE SAINT-
VINCENT & BACHOIS.

Du 8 Août 1774.

Avons mandé & fait venir de sa prison ladite Dame de
Saint-Vincent, laquelle, après serment, &c.

30.   A elle remontré, que dans cette lettre de M. de Richelieu,
datée de Fontainebleau du 13 Novembre 1773 , il n'y est fait
aucune mention des billets. Comment concilier cette lettre,
non-seulement avec l'envoi desdits billets de 420,000 livres ,
mais encore avec le prétendu écrit qui accompagnoit
lesdits billets, qu'elle a fait dire à Me Guespereau , Notaire ,
être conçu en ces termes : » Je vous envoie, ma chere
» Cousine, votre billet tout signé, & deux, vous payerez vos

>> dettes avec l'un, & vous donnerez l'autre à votre *tiers*
>> pour le payer de ce que vous lui devez. Tout ce que je
>> vous demande, c'eſt de n'en vendre aucun, & de n'en parler
>> à perſonne d'un an >>.

A dit, avant de répondre à l'interrogatoire, que revenant ſur le raiſonnement que nous lui avons fait hier, qu'*il n'étoit pas naturel que le Maréchal eût eu confiance en elle*, & lui eût laiſſé pour un *million vingt mille livres de billets ſur ſa bonne foi ;* qu'il eſt encore plus impoſſible de faire de faux billets pour un million ; & que quand on eſt aſſez heureux pour faire un faux ſeing, on ne pouſſe guère la témérité d'en faire dix ou douze. Obſerve d'ailleurs, que de ces ſignatures du Maréchal, il y en a de faites avec une plume fine, d'autres avec une plume plus groſſe, une encre différente, mais toujours du même caractere ; & toutes les ſignatures, ainſi que les *bons pour*, ont été reconnus pour être de la main du Maréchal, avant que celui-ci les niât, par différentes perſonnes, notamment par Mᵉ Deſmoulins, Notaire de M. le Maréchal, ſon Tréſorier, des Agens-de-change, &c.

Répondant à notre remontrance au ſujet de la non-mention des billets dans la lettre du 13 Novembre, a dit que M. le Maréchal s'eſt ſûrement trompé en datant ladite lettre du 13 Novembre de Fontainebleau.

Perſiſte à croire que la lettre de M. de Richelieu, où il eſt fait mention des billets, eſt du commencement de Novembre, ſans pouvoir fixer préciſément la date ; qu'au ſurplus c'étoit *un Dimanche ou jour de Fête.*

31. Qui a écrit le corps de trois billets, l'un de 100 mille écus ; les deux autres de 60,000 livres chacun ?

A dit, qu'elle nous a déja répondu que c'étoit le ſieur *de la Tour*, Avocat Irlandois.

32. Comment elle Répondante, qui juſqu'alors n'avoit eu ſucceſſivement qu'un mandat de 100,000 écus chacun, a-t-elle imaginé d'envoyer pour 420,000 livres de billets à ſigner au Maréchal ?

A dit qu'elle avoit envoyé au Maréchal leſdits cinq billets de 60,000 livres chacun & celui de 300,000, en lui mandant de ſigner à ſon choix, ou ceux de 60,000 livres chacun, ou

celui feul de 300,000 livres, ainfi qu'elle l'a expliqué ci-
deffus ; & que le Maréchal a figné celui de 100 mille écus,
& *par excès de générofité*, deux de 60,000 livres chacun.

33.   A elle remontré, que cet excès de générofité paroît fingulier : fommée de nous dire s'il eft venu du Maréchal tout feul,
ou s'il avoit été convenu entr'elle & le Maréchal auparavant.

A dit, qu'elle ne lui avoit point demandé dans fa lettre ni
auparavant de vive voix, cet excès de générofité, & qu'elle
fut fi tranfportée en les recevant, qu'elle ne put s'empêcher
de le témoigner *devant plufieurs perfonnes, dont l'Abbé
Froment en étoit une.*

34.   A elle remontré, *qu'elle n'eft pas exacte dans ce qu'elle vient
de nous dire, ou ne l'a pas été ci-devant* ; que nous voyons dans
un Mémoire par elle à nous donné, & qu'on nous affure avoir
été diftribué à nombre de perfonnes dans le public, qu'elle
rend compte de cette négociation en ces termes : » M. le Ma-
» réchal répondit le plus honnêtement du monde, qu'elle
» n'avoit qu'à faire faire un billet de pareille fomme, & dans
» la forme qu'elle voudroit, & qu'il y foufcriroit avec le plus
» grand plaifir. Il voulut même, par un trait fingulier de géné-
» rofité, qu'elle ajoutât au billet de 100,000 écus deux nou-
» veaux billets de 60,000 livres, Madame de Saint-Vincent
» fit tout fimplement dreffer des billets au porteur & les lui
» envoya ; elle reçut le lendemain les mêmes billets avec la
» fignature de M. de Richelieu, & cette réponfe : je vous
» envoie, ma chere Coufine, &c ».

Il réfulte de cette verfion, 1°. que les 120,000 livres de
billets excédens les 100 mille écus, avoient été convenus
antérieurement entr'elle & M. le Maréchal ; 2°. qu'elle n'envoya, d'après cette envention, que le billet de 100 mille
écus, & les deux de 120,000 livres, deux faits abfolument
contraires à ce qu'elle vient de nous répondre.

Et lui avons à l'inftant repréfenté ledit Mémoire.

A dit, que le Mémoire qu'a fait l'Abbé de Villeneuve, fon
neveu, n'eft point exact en plufieurs endroits, & que les notes
qu'il a prifes, qui ne fe trouvent point vraies & conformes aux
réponfes d'elle Répondante, ont été réformées dans le fecond
Mémoire. Reconnoît au furplus ledit Mémoire pour être celui

qu'elle nous a repréfenté ; mais ne veut le parapher , attendu qu'il n'eft pas exact ; en conféquence ledit Mémoire n'a été paraphé que de nous.

35. Dans quel temps a-t-elle propofé au Maréchal la converfion en plufieurs petits billets du billet de 100 mille écus ?

A dit, qu'elle croit que c'étoit à la *fin de Février* ou *au commencement de Mars dernier*, lors d'un féjour que fit M. le Maréchal à Paris de trois ou quatre jours ; & quoique la chofe foit affez importante pour qu'elle doive fe reffouvenir fi c'eft elle-même qui a porté lefdits billets, ou fi elle les a envoyés par fa femme-de-chambre, *elle ne s'en rappelle pas préfentement*, mais fait bien que M. le Maréchal les lui a remis en main propre , & eft prête de l'affirmer devant lui, en lui rappellant tout ce qu'il lui dit alors.

36. Si le fieur de Vedel a porté lefdits billets avec la femme-de-chambre ?

A dit que non ; que c'eft *elle feule ou fa femme-de-chambre.*

37. Qui a écrit lefdits billets, & combien il y en avoit ?

A dit qu'il y en avoit pour *cent mille écus en fix ou fept ;* qu'elle les a fait écrire par *plufieurs Ecrivains publics*, hors un qui fut écrit par l'Abbé de Trance. Obferve qu'elle avoit propofé audit fieur Abbé de Trance d'écrire tous les corps defdits billets ; qu'il en fit un, mais que par réflexion il ne voulut point que fon écriture parût ; & lui confeilla d'envoyer chercher des Ecrivains, ce qu'elle fit.

38. A elle remontré, que pour écrire ces billets il ne falloit pas plufieurs Ecrivains ?

A dit, parce qu'un jour elle en fit écrire un, un autre jour un autre.

39. Si elle fait où on a pris lefdits Ecrivains, leurs noms & leurs demeures : fommée de dire au moins fi c'eft fa femme-de-chambre ou quelque domeftique qui a été chercher lefdits Ecrivains, defquels l'on puiffe tirer des renfeignemens fur lefdits Ecrivains ?

A dit, qu'elle ignore qui font lefdits Ecrivains, & quel eft le domeftique qu'elle a chargé de les aller chercher : qu'elle aura appellé le premier des trois domeftiques qui font ordinairement dans fon antichambre.

Qui eſt-ce qui a payé leſdits Ecrivains ?

A dit, que ſi c'eſt elle qui les a fait venir, c'eſt elle qui les a payés ; que ſi c'eſt M. *de Vedel*, ce qui peut très-bien être, ce ſera M. de Vedel qui les aura ſatisfaits, ne peut dire rien de poſitif à cet égard.

40. En combien de billets celui de 300,000 livres a-t-il été converti ; de quelle ſomme étoit chacun deſdits billets ; à quelles époques étoient-ils payables, & où ſont-ils ?

A dit qu'ils étoient *ſept ou huit, ou neuf* billets de différentes ſommes, faiſant *enſemble les 100,000 écus*, de dates différentes & à différentes échéances ; il y en a de trois ans, de deux ans & demi : ne peut dire où ils ſont actuellement, les avoit d'abord *remis à ſon neveu, qui les a remis à une autre perſonne, qu'elle ignore ; & que ſon neveu n'a pas voulu lui nommer, parce qu'elle dit qu'elle le diroit.*

41. L'un des deux billets de 60,000 liv. ayant été eſcompté par le ſieur de Préville, qu'eſt devenu le ſecond ?

A dit, qu'il eſt avec les autres.

42. Comment, ayant eſcompté le premier billet de 60,000 liv. le produit de ce billet n'a-t-il pas mis la Répondante à l'abri de négocier les autres à vil prix ?

A dit, que le premier billet de 60,000 liv. a été employé à payer ſes dettes, & qu'elle ne s'eſt déterminée à vendre ceux qu'elle a vendus à Rubi, que parce que Benavent lui avoit fait entendre qu'ayant beaucoup de connoiſſances, il lui procureroit la vente deſdits billets.

43. Si elle n'a pas fait négocier par la femme Leroy deux billets, montant enſemble à 50,000 liv. qu'elle donnoit pour 28 à 30,000 liv. & un autre 40,000 liv. qu'elle laiſſoit pour 25 ?

A dit, qu'elle ſait bien avoir donné des billets à négocier, mais ignore les ſuites de ſa négociation.

44. Qu'eſt devenu ce billet de 40,000 livres ?

A dit, qu'il eſt avec les autres.

45. N'a-t-elle pas dit ou fait dire aux Courtiers que M. le Maréchal s'étant trouvé en fonds, l'avoit acquité avant ſon départ pour Bordeaux, & ſi elle n'a pas fait courir ce bruit pour donner crédit aux autres billets ?

A

A dit, qu'elle ne fait rien de tout cela, & n'a pas prononcé un mot de tout cela.

46. Si le fieur Marion, Intendant de **M.** le Maréchal, ne lui a pas remis de la part de **M.** le Maréchal, une lettre conçue, à-peu-près, en ces termes : « J'apprends avec le plus grand » étonnement, ma chere coufine, qu'il fe négocie pour » 200 mille francs de billets, fignés de moi ; & ce qui » m'étonne davantage, c'eft que l'on dit que vous avez part » à cela, ce que je ne puis croire ; je vous prie d'écouter » avec bonté le fieur Marion, & de l'aider à démêler le fil de » cette *friponnerie :* vous êtes intéreffée, comme moi, à ce » qu'elle ne refte point impunie ».

A dit, qu'elle a reçu cette lettre du fieur Marion, mais n'é- toit pas conçue dans les termes rapportés ; que le Maréchal y difoit qu'il étoit de l'intérêt d'elle Répondante de découvrir *cette maquignonerie.*

47. Que Marion lui avoit apporté cette lettre le Lundi, que le Samedi précédent un Laquais du Maréchal, dont elle ne fait pas le nom, lui en avoit apporté une autre pleine de ten- dreffe & d'amitié ; & comme il n'y avoit point eu de Courier entre ces deux lettres, il ne pouvoit les avoir envoyées l'une & l'autre que par le même Courier ; ce qui commence à prou- ver la fauffeté du Maréchal, & où il en vouloit venir pour dénier fes billets.

48. Sommée de repréfenter cette lettre, à elle donnée par le fieur Marion, ainfi que celle qu'elle prétend avoir reçue le Sa- medi précédent, ou de déclarer où elles font.

A dit qu'elle ne fait ce qu'elles font devenues.

49. A elle remontré qu'il eft étrange qu'elle ait perdu ces deux lettres ; *lettres effentielles ;* pendant qu'elle en a confervé nombre d'autres inutiles, & que nous avons lieu de préfumer que c'eft une affectation de fa part de ne point repréfenter ces lettres, ou qu'elle les a fupprimées.

A dit, qu'il n'y a point d'affectation de fa part : protefte ne les avoir point fupprimées ; que logée à cette époque chez *Benezy,* où elle n'avoit rien pour renfermer fes papiers, elle y a laiffé lefdites deux lettres avec les autres papiers.

D

50. Sommée de dire le nom du laquais qui lui a porté la lettre le Samedi.

A dit qu'elle l'ignore.

51. Lors de la remife à elle faite par Marion de la lettre du Maréchal, n'a-t-elle pas nié avoir la moindre connoiffance des billets en queftion ? & n'a-t-elle pas le lendemain fait dire la même chofe audit Marion par Benavent, par qui elle lui envoya fa réponfe ouverte pour M. le Maréchal, par laquelle elle témoignoit fa furprife & nioit le fait, & lui avons repréfenté une lettre datée du 16 Juillet, commençant par ces mots : « Mon cher coufin, je réponds à votre lettre, qui m'a » caufé autant d'étonnement qu'à vous, &c » ?

Sommée de la reconnoître & de la parapher.

A dit, qu'elle convient d'avoir nié favoir que l'on vendoit lefdits billets publiquement, efpérant cacher, en difant cela, à M. le Maréchal qu'elle en avoit vendu : mais ne nioit point avoir les billets ; reconnoît la lettre repréfentée pour être de fa main, & n'avoir été écrite que pour nier feulement qu'elle fût la négociation publique defdits billets, & pour cacher à M. le Maréchal qu'elle en eût vendu publiquement.

Ladite lettre a été paraphée de nous & de la Répondante.

52. Si elle n'a pas eu des inquiétudes fur lefdits billets ; & fi, fur les informations qu'elle a fu que l'on faifoit, elle n'a pas eu intention de s'enfuir ?

A dit qu'elle convient avoir eu des inquiétudes, & en avoir encore fur lefdits billets ; n'a point eu l'intention de s'enfuir, mais feulement d'aller à la campagne de M. le Marquis Duperrier, pour laiffer paffer tous ces trains-là.

Qu'elle l'écrivit à Benavent, pour qu'il dépêchât la vente à Rubi ; laquelle vente faifoit tort à la Répondante dans la pofition actuelle.

53. Lui avons repréfenté que M. le Maréchal de Richelieu, dénie formellement lui avoir fait aucuns billets, & que ceux répandus par elle dans le public, ou par d'autres perfonnes ayant miffion d'elle, font faux ; que plufieurs circonftances, indépendament du peu de vraifemblance qu'il y a dans le récit par elle ci-devant fait, paroiffent prouver qu'en effet

elle a répandu dans le public des billets de M. le Maréchal ; qu'elle favoit être faux, & qu'elle a contrefait ou fait contre-faire la fignature de M. le Maréchal.

Lui obfervons que nous allons lui faire paffer les principales de ces circonftances fous fes yeux, les unes après les autres, afin de la mettre à portée de les détruire, & d'abord lui avons repréfenté *trois pieces*. La premiere eft un précis de la lettre du Maréchal à elle préfentée par le fieur Marion, où il taxe cette négociation de billets *de friponnerie*. La feconde eft une lettre d'elle Répondante en réponfe à la précédente, où elle témoigne fon étonnement de ces négociations de billets ; déclare qu'elle les ignore parfaitement, & qu'elle adreffe à Marion une perfonne qui pourra l'aider à découvrir quelque chofe. Cette feconde lettre eft datée du 16 Juillet dernier.

La troifieme eft une autre lettre d'elle Répondante, datée du 23 *Juillet*, où elle fe plaint des imputations de faux faites contr'elle ; déclare que M. le Maréchal lui a fait des billets, qu'elle défendra fon honneur & celui de fa famille, & périra plutôt : fommée de reconnoître lefdites trois piéces : & lui obfervons que fa premiere lettre du 16 Juillet, en réponfe à celle du Maréchal, paroît avoir été écrite par elle, dans l'efpérance qu'elle avoit alors de retirer les billets négociés, & que la feconde, poftérieure, paroît avoir été réfléchie, & être le commencement de l'hiftoire qu'elle fait.

A dit, qu'elle reconnoît les deux lettres pour être émanées d'elle : dit que la *copie prétendue de la lettre de M. le Maréchal, apportée par Marion, étoit à-peu-près conçue dans les termes rapportés* : affime, attefte & jure qu'elle a reçu les billets en queftion de la part de M. le Maréchal, & plufieurs de la main à la main : qu'elle n'eft pas capable de contrefaire une fignature & de vendre des billets fur une fauffe fignature : qu'elle n'a écrit la premiere lettre du fieur Marion, que pour cacher l'indigne négociation que l'on avoit faite fans fa participation defdits billets ; que la feconde n'a été écrite qu'en réponfe d'une lettre que le Maréchal avoit écrite à M. de Sartine, dans laquelle il nioit avoir fait des billets, même à ladite Répondante ; & qu'alors, voyant tout découvert, elle l'aver-

tiſſoit qu'elle alloit dire la vérité; & c'étoit plutôt pour empêcher ſon déni, en lui faiſant appercevoir tout ce qu'elle
alloit mettre au jour.

54. Si à l'inſtant de la réception de la premiere lettre de M. le
Maréchal, elle n'a pas fait retirer des mains de la femme Leroi
les billets qui y étoient.

A dit, qu'oui; que cela eſt tout ſimple; & qu'au moment
où elle a vu qu'on alloit faire des perquiſitions, elle a dit à
tout le monde : rendez les billets.

55. Si au même inſtant elle n'a pas envoyé chercher Rubi & *ne
l'a pas vivement ſollicité & fait ſolliciter par le ſieur Vedel
& Benavent pour qu'il rendît les billets*, ou du moins déclarât
les avoir rendus : ſi même elle n'a pas offert à Rubi de lui rendre un billet de 600 livres qu'elle avoit de lui; ſi elle n'a pas déchiré ce billet en ſa préſence : & lui avons repréſenté deux
petits morceaux de papier, faiſant les cinq & ſixieme pieces de
la deuxieme liaſſe des papiers trouvés chez Benavent, qui paroiſſent être les morceaux déchirés dudit billet de 600 livres,
ſouſcrit par Rubi l'aîné, où l'on voit encore la ſignature entiere de Rubi, & la ſomme de 600 livres.

A dit, *qu'ayant appris par Marion que les billets de M. le
Maréchal étoient entre les mains de Rubi, Frippier*, & que M.
de Richelieu en ſeroit très-faché, la Répondante avoit été
chercher ledit Rubi pour les r'avoir; que Rubi n'a jamais voulu
les rendre, & que pour l'y engager, la Répondante lui offrit
un billet de 600 livres qu'il devoit ſur les billets du Maréchal,
& déchira ledit billet, qui eſt le même en deux morceaux que
nous lui repréſentons, convient d'avoir fait également ſolliciter ce Frippier par les ſieurs Vedel & Benavent pour qu'il
rendît les billets, le tout afin de ne point ſe brouiller avec
M. le Maréchal.

56. A elle remontré, qu'elle a eu réellement envie de s'enfuir,
& que ſes craintes ſont exprimées dans nombre de ſes lettres,
douziéme piece de la premiere liaſſe trouvée chez Benavent :
« mon cher Benavent, dit-elle, je n'ai pas dormi une minute,
» & *nous ſommes perdus* ſi Rubi nous trahit; il faut l'envoyer
» chercher . . . qu'il nous faſſe voir les trois billets . . . . »
» treizieme piece de la même liaſſe. « Enſuite, voyez, Marion,

« cherchez à découvrir ce qu'il fait, & venez vîte, *car j'ai la
fievre ». Quatorzieme de la même liaffe. « Mon cher Bena-
» vent on fait des informations, on a été chez cette femme,
» *je me meurs*, allez avertir Rubi, & ce, dès l'inftant, pour
» qu'il n'en parle ». Quinzieme de la même liaffe. » Enfin
» cela me fait penfer à mille chofes, car je ne comprends pas
» ce que vous me faites dire ». Dix-neuvieme de la même liaffe.
« Mon cher Benavent, puifque vous avez vu les mille écus
» chez l'Huiffier, vous devez les avoir à préfent, envoyez-les
» moi, le Secrétaire fort de chez moi, & part demain. Vous
» voulez m'épargner en me cachant ce qui en eft ; il faut pour-
» tant que je fache tout, pour tout prévenir ».

Vingt-quatrieme & derniere de la deuxieme liaffe de Benavent : Souvenez-vous, mon cher Benavent, qu'il *faut que je
» parte lundi, fans cela je fuis perdue ; ainfi je fais ma malle
» & je pars*, mais il me faut l'argent de Chariot .... *je pars
» avec mon neveu ;* mais encore un coup, pourquoi Chariot ne
» veut-il pas me remettre mon argent ? ... On abandonne tout
» pour fes amis, & tu me laiffes .... Fais - toi donner cet
» argent, *ou il faut que je fois prife* ».

Il eft vifible que fi elle n'eût eu rien à fe reprocher, elle
n'auroit pas tenu ce langage ; fommée de s'expliquer ; toutes
lefquelles lettres citées ci-deffus, nous lui avons à l'inftant
repréfentées.

A dit qu'elle reconnoît lefdites pieces repréfentées, pour
être de fon écriture, & être les lettres par elle adreffées
à Benavent, relativement à ladite négociation, des effets de
M. le Maréchal paffés entre les mains de Rubi, & de ceux
qui couroient fur la place.

Que comprenant toute la colere que M. de Richelieu auroit
de cette négociation, c'étoit ce qui lui donnoit des craintes &
frayeurs, qu'elle exprime dans les lettres repréfentées, ob-
fervant par rapport aux mille écus dépofés chez l'Huiffier, que
ces deniers étoient la valeur d'une lettre de change qu'avoit
donnée Rubi, pour partie de la valeur des billets du Maréchal.

Obferve pareillement fur l'expreffion de fa lettre ; *il faut que
je parte lundi, fans cela je fuis perdue ;* que la crainte feule que
fon époux n'eût connoiffance de cette affaire & ne la fît arrê-

ter, lui fit employer cette expreſſion ; qu'elle craignoit auſſi que M. le Maréchal ne la fît arrêter pour ſe ſaiſir de ſes billets ; que la phraſe qui termine cette lettre eſt une ſuite de la même crainte, & que le ſtyle familier qu'elle y employe eſt une extravagance qui ne ſignifie rien.

57.   Lui avons repréſenté la huitiéme piece de la premiere claſſe des papiers trouvés chez Benavent, laquelle eſt une lettre d'elle à Benavent : on y lit ces mots : « Il faut que Rubi attende » le billet de 20,000 livres, que vous avez écrit, & que j'ai » envoyé ». Sommée de s'expliquer ſur ladite lettre.

A dit, qu'elle reconnoît ladite lettre pour l'avoir écrite à Benavent, & s'expliquant ſur icelle a dit : que Benavent lui avoit repréſenté que Rubi ſe plaignoit de ce qu'elle Répondante avoit donné des billets à d'autres, & qu'outre ceux qu'il avoit en ſa poſſeſſion, il en vouloit avoir un de 20,000 livres, la Répondante mande à Benavent, par ſa lettre, qu'elle avoit remis ledit billet de 20,000 livres du Maréchal, au ſieur Vedel, afin qu'il le vendît. Obſerve que quoiqu'il paroiſſe par cette lettre qu'il falloit que Rubi attendît le billet de 20,000 livres que Bénavent avoit écrit, & qu'elle diſoit avoir envoyé, & la vérité eſt qu'*elle n'en avoit envoyé aucun au Maréchal :* que Benavent à ſa réquiſition avoit bien fait le corps des trois billets de chacun 20,000 livres, que la Répondante ſe propoſoit d'envoyer ſigner au Maréchal, mais qu'elle n'en fit aucun uſage : & que c'étoit un diſcours en l'air qui ne pouvoit avoir aucune ſuite.

58.   Que dans la ſuite de cette lettre elle met (en parlant du billet de 20,000 livres ci-deſſus négocié) : demandez-le à M. O. Il la fera peut-être, il a mis ſa confiance en cette Madame ***, quand vous le verrez faites-lui en ſentir la conſéquence, car il nous perdra tous.

Obſerve que par ces deux lettres M. O. elle a entendu dire Montel, & par Madame *** la dame le Roy, courtiere, dont elle ignoroit le nom : que par la ſuite de la phraſe elle vouloit faire ſentir à Benavent que cette dame le Roy, négociant publiquement, & faiſant courir des copies des billets du Maréchal, elle les perdroit tous en rendant publique une pareille négociation ; que M. le Maréchal & elle-même Répondante avoient expressément défendue.

59. A elle représentée la septieme piece de la deuxieme liasse de celles des pieces trouvées chez Benavent, qui est un billet payable au porteur de 20,000 livres, sommée de dire de qui est le corps dudit billet :

A dit, qu'elle reconnoît ladite septieme piece pour être l'un des billets au porteur de 20,000 livres, souscrit par M. de Richelieu, lors de la conversion de celui de 100 mille écus, que le corps dudit billet est de l'un des écrivains qu'elle a envoyé chercher.

59. bis A elle remontré que plus on va en avant, plus on est tenté de la croire coupable ; qu'il étoit déja fort étonnant qu'avant le départ de M. le Maréchal pour Bordeaux, au mois de Juin ou Juillet dernier, elle ait eu pour 420,000 livres de billets, & voilà que depuis son départ il a été proposé entr'elle, Benavent & probablement quelques autres, de lui en envoyer trois de 20,000 livres chacun, à souscrire ; que cela devient inconcevable, & qu'il n'entrera jamais dans la tête de personne que M. de Richelieu souscrivît ainsi à la volonté d'elle Répondante, nombre de billets écrits par des tiers ; que d'ailleurs l'interprétation qu'elle donne au passage de sa lettre, où elle explique les deux lettres M. O. par *Montel*, & la Dame ***, par le Roy, nous paroît controuvée de sa part ; que voici à cet égard l'interprétation qui nous est fournie par M. de Richelieu, & qui nous paroît plus vraisemblable : il existe une Madame ***, pour laquelle l'attachement de M. le Maréchal est connu de tous ceux qui ont quelque relation avec lui ; la veuve le Roy, à laquelle la Répondante avoit remis ou fait remettre par Benavent & Montel, nombre de billets du Maréchal à négocier, s'étoit adressée à un nommé Orion, Courrier, demeurant dans le quartier de ladite Dame*** ; cet Orion, à qui l'on avoit dit que les billets avoient été faits à une jeune & jolie femme, imagina que c'étoit la Dame ***, & crut qu'en traitant directement avec elle, sans le ministere de la Leroy, ou d'autres courtieres intermédiaires, il feroit un bénéfice plus considérable, & il en parla en effet au Laquais de cette Dame ***; elle Répondante l'a sçu, & de-là sa lettre à Benavent,

où les deux lettres M. O. veulent dire M. Orion , & où Ma-
dame *** fignifie en effet Madame *** , & non pas Madame
Leroy , & de cette maniere elle avertiffoit Benavent que cet
Orion les perdroit tous ; fommée de répondre.

A dit, que Madame *** n'eft jamais entrée pour rien dans
fes idées , n'a jamais fçu qu'Orion exiftoit, encore moins qu'il
eût parlé à la Dame *** , & attefte qu'elle n'a jamais entendu parler dans fa lettre que de Montel & de la dame Leroy.

Répondant au furplus de notre remontrance , a dit qu'il
n'étoit pas impoffible à une perfonne qui a déja reçu des billets,
de defirer d'en recevoir d'autres : qu'elle Répondante les a fait
écrire auffi-tôt que l'idée lui en eft venue, mais que l'effet ne
s'en étant pas fuivi , elle n'a fait que faire un fouhait intéreffé,
& ne l'a point exécuté, ayant vu par réflexion le ridicule
qu'il y auroit à le tenter.

60.   Si M. le Maréchal n'a jamais foufcit à fon profit des lettres de change ?

A dit qu'elle ne fait ce que c'eft qu'une lettre de change.

Lui avons repréfenté la neuvieme piece de la premiere liaffe
des papiers trouvés chez Benavent, qui eft une lettre d'elle
Répondante audit Benavent. La premiere partie de cette lettre
eft conçue en ftyle ordurier, qui annonce entr'elle & Benavent, l'intimité la plus répréhenfible, intimité qui, d'ailleurs,
paroit encore prouvée par toutes les autres letttes d'elle à Benavent, & de Benavent à elle. A la fuite on y lit ces mots :
» Sans doute il faut faire figner les billets ; nous ne pouvons
» prévoir ce qui peut arriver : il faut au moins gagner tout
» ce que nous pourrons, ils vont partir dans une heure d'ici,
» & tu aurois dû m'en envoyer quatre « ; que de-là il réfulte
que Benavent faifoit lefdits billets & qu'elle Répondante étoit
cenfée les envoyer à la fignature. Ces expreffions d'ailleurs
n'annoncent rien moins que l'attente d'un bienfait qu'on reçoit
avec reconnoiffance ; enfuite on y lit ; « Tâche d'avoir les mille
» écus , car la lettre de change ne vaut pas grand chofe, & je
» mourrai de peur fi tu ne me les portes à deux heures. Je vous
» attends pour dîner & *pour tout* » : fommée de répondre.

A dit qu'elle reconnoît ladite lettre pour être de fa main :
que fon ftyle eft fort familier ; qu'il n'y a perfonne dans le
monde ,

monde, qu’elle ait vu deux fois à qui elle n’écrive pareille chofe, mais fans mauvaife intention ; qu’elle n’a jamais vu Benavent qu’en compagnie, & que *pour lui faire fes affaires avec Rubi ;* que la lettre de change dont elle parle eft la même que Rubi lui avoit donnée, & que l’ayant préfentée à plufieurs marchands, & perfonne ne la voulant, elle l’avoit cru mauvaife.

A l’égard des billets qu’il falloit, fuivant elle, faire figner ; ce font les trois billets qu’elle nous a cités ci-deffus, dont Benavent avoit écrit le corps *, & *qu’elle n’a pas envoyés ;* qu’effectivement elle marquoit que Benavent auroit dû en envoyer quatre ou fix.

Nota. Art. 55. Madame de Saint-Vincent a dit n’avoir appris que par le fieur Marion, que fes billets étoient dans les mains de Rubi.

61. Lui avons repréfenté la vingt-feptieme piéce de la premiere liaffe des papiers trouvés chez Benavent, qui eft un billet d’elle Répondante, conçu en ces termes : « Le Maréchal n’étoit » pas parti Jeudi matin, c’eft moi qui te le dis, parce que je » lui ai parlé à neuf heures. Je lui avois dit: *je viendrai Samedi,* » il m’avoit dit *oui ;* ainfi perfonne ne me trompe ». Je lui enverrai mes billets à figner, il me les renverra fignés, je t’en réponds, & qu’ils partiront demain, mais il faut les refaire. Tout ce qui me fâche c’eft de le voir partir, fans avoir acquitté *Poitiers ;* en y paffant, il le faura & croira que j’ai menti, je ne fuis fâchée que de cela. Je n’attends pas fon retour pour la fignature, parce qu’il pourroit mourir ; fommée d’expliquer ce billet?

A dit qu’elle reconnoît ledit billet ; que les billets dont il y eft queftion font les trois que Benavent avoit écrit & qui n’ont pas été fignés ; que le furplus du billet s’explique par lui-même.

62. Lui avons obfervé que M. le Maréchal eft parti pour Bordeaux le jeudi 16 Juin dernier, fept heures du foir, qu’ainfi il n’a pu lui dire de revenir le famedi, & qu’on avance que cette lettre a été écrite après coup, de concert avec Benavent, pour donner un air de bonne-foi à leurs billets, & lui obfervons qu’en

---

* Benavent a foutenu dans fon interrogatoire avoir vu entre les mains de Madame de Saint - Vincent, une lettre de M. le Maréchal, par laquelle il lui accufoit la réception des billets dont il s’agit, & lui promettoit de les lui renvoyer fignés ; DONC CETTE LETTRE ÉTOIT FAUSSE, & étoit une nouvelle machination de Madame de Saint - Vincent, pour accréditer ces nouveaux billets *faux,* fi elle avoit eu le tems de le faire éclore.

E

effet ce billet, quoique plié en forme de lettre, n'a point d'adreſſe.

A dit que ce billet a été écrit de bonne-foi par elle au ſieur Benavent, qu'elle l'a remis au laquais dudit Benavent, que par ce moyen il n'étoit pas beſoin d'adreſſe, & qu'il auroit fallu avoir bien de la prévoyance pour deviner l'accuſation que le Maréchal lui ſuſcite aujourd'hui, & écrire ainſi ce billet de concert avec Benavent.

Avons remis la Vacation à ce ſoir.

Lecture faite a perſiſté & ſigné, & paraphé avec nous les pieces repréſentées, ſigné VENCE DE SAINT - VINCENT & BACHOIS.

Dudit jour de relevée.

Fait revenir ladite dame de Saint-Vincent, laquelle a pris ferment, a dit ſe nommer Julie Vence, &c.

63. Lui avons repréſenté la premiere piece de la deuxieme liaſſe des papiers trouvés chez Benavent, qui eſt une lettre prétendue écrite par le Maréchal audit Benavent, qui autoriſe ledit Benavent à ſolliciter M. le Duc de la Vauguyon & M. le Duc d'Aiguillon, en faveur du Chevalier de Vedel ; ſommée de nous dire, ſi elle reconnoît ladite lettre, & de s'expliquer ſur icelle ?

A dit, qu'elle *reconnoît ladite lettre ;* que M. le Maréchal s'étant intéreſſé pour le ſieur Vedel auprès du ſieur Charlot, premier Commis du Bureau de la Guerre, & auprès de M. le Duc d'Aiguillon, & *étant fatigué des ſollicitations que la Répondante lui faiſoit à cet égard, il l'envoya promener par une lettre, & lui dit que quand elle lui écriroit de nouveau ſur cette affaire, il ne lui répondroit ſeulement pas ;* ne ſachant pas quel nouveau moyen prendre pour parler encore à M. d'Aiguillon & au ſieur Charlot, & ne voulant plus lui demander de lettres, *la Répondante, l'Abbé de Villeneuve, Benavent,* le ſieur *Vedel,* réſolurent de porter une lettre toute faite à M. le Maréchal, pour qu'il la ſignât, afin qu'à la faveur de ladite lettre, le ſieur Benavent pût ſe préſenter chez M. le Duc d'Aiguillon *; qu'en conſéquence ladite lettre fut faite, & elle la porta un matin à M.

*Nota. M. le Maréchal s'eſt inſcrit en faux contre ſa prétendue ſignature miſe au bas de cette lettre.

le Maréchal ; qu'elle le pria de figner ladite lettre ; qu'il s'impatienta beaucoup. Il étoit affis fur fon fauteuil près fa cheminée, & après plufieurs fupplications, il fe leva, & tout de bout en s'appuyant fur fa table où il écrit, il la figna ; qu'enfuite Benavent alla chez M. le Duc d'Aiguillon, chez M. le Duc de la Vauguyon, il rencontra M. le Maréchal & lui parla de cette affaire du fieur de Vedel ; le Maréchal lui répondit d'un air diftrait : cette affaire eft finie ? ce qu'il répéta plufieurs fois avec vivacité.

64. Qui a écrit le corps de la lettre en queftion ?

A dit qu'elle ne s'en fouvient pas.

65. Si M. le Maréchal a jamais vu le fieur Benavent, lui a écrit ou parlé ?

A dit qu'il lui a parlé deux fois & écrit cette feule fois ; qu'il a parlé à Benavent une fois, avant cette lettre, & une fois après.

66. A elle remontré qu'on nous a affuré au contraire que M. le Maréchal n'a jamais vu Benavent, & ne lui a jamais écrit : qu'on affure même que la fignature étant au bas de cette lettre de recommandation eft fauffe, d'où il fuit que cette lettre feroit un concert frauduleux entre elle & le fieur *Vedel* & *Benavent*, & que s'il eft démontré qu'ils aient falfifié la fignature du Maréchal pour cet objet, cela forme une preuve fur la fignature des billets.

A dit qu'elle le permet, mais qu'elle eft sûre de cette fignature, parce qu'elle l'a vu faire par le Maréchal.

67. Lui avons repréfenté la cinquieme piece, dans la premiere liaffe des papiers trouvés chez Benavent, qui eft une efpece de billet, que nous avons tout lieu de croire écrit par le fieur Vedel, & adreffé à Benavent ; par ce billet, Vedel mande à Benavent, au nom d'elle Répondante, qu'elle le prie de ne *pas parler à* M. *d'Aiguillon* de la part de M. le Maréchal, & de ne rien dire à M. le Maréchal, au cas qu'il le rencontrât à Verfailles : lui obfervons qu'on nous dit que ce billet a été écrit par Vedel à Benavent, pour qu'il ne produisît pas la lettre précédente, vu que la maladie du Roi avoit obligé M. de Richelieu à aller à Verfailles, & qu'on craignoit que M. le Duc d'Aiguillon venant à parler de fa lettre au Maréchal qui étoit à

Versailles, cela ne dévoilât la fausseté de la signature ; sommée de reconnoître ledit billet & de s'expliquer sur icelui ?

A dit, qu'elle croit que le billet en question est de l'écriture de *Vedel ;* qu'il y a eu un tems que M. de la Vauguyon paroissoit fâché, de ce que M. le Maréchal se mêloit du sieur Vedel : que le billet dont est question, a été écrit quelque tems avant la lettre susdite ; mais ne se rappelle pas précisément les circonstances pour lesquelles ledit billet a été écrit, ni par qui il a été écrit.

Ladite lettre & les billets ont été paraphés de nous & de la Répondante.

68. Si, peu avant le départ de M. le Maréchal pour Bordeaux, dans une visite qu'il fit à la Répondante, il ne lui fit pas des reproches sur ce qu'il voyoit des porcelaines & autres effets de luxe dans son appartement, & que sa fortune ne lui permettoit pas d'avoir de ces sortes d'effets sans s'endetter.

A dit, que M. le Maréchal lui dit : ma cousine, vous avez-là de bien belles choses, où prenez-vous tout cela ? qu'elle se leva, & lui répondit, chez vous, Monsieur, & fit quelques pas dans sa chambre en le caressant, & qu'il y avoit des dames chez elle en ce moment.

69. A elle remontré, qu'on nous assure au contraire qu'il lui fit des reproches sur ce que sa fortune n'étoit pas en état de suffire à ces dépenses ; & que si le Maréchal eût été si magnifique envers elle, il n'auroit pas témoigné sa surprise de ce qu'elle avoit des porcelaines.

A persisté à dire, que le Maréchal ne lui a point fait des reproches, & ne lui a dit que ce qu'elle a rapporté ci-dessus.

70. Si elle ne s'amuse pas fréquemment à dessiner ; & lui observons qu'on nous assure qu'elle sait parfaitement dessiner ; qu'à Milhaut, elle avoit la réputation de très-bien contrefaire les écritures.

A dit, qu'elle ne sait pas dessiner du tout ; que de sa vie elle n'a dessiné, & qu'elle n'a jamais sçu copier la moindre écriture, & n'a jamais sçu qu'elle eût à Milhaut la réputation de contrefaire les écritures.

71. Combien au total elle prétend avoir reçu des billets de M. le Maréchal ? pour combien elle en a négocié, & ce que sont devenus les autres ?

A dit, qu'elle a reçu pour 420 , 000 liv. de billets de M. le Maréchal ; qu'elle en a négocié un de 60, 000 liv. ; que Rubi en a pour 80, 000 liv. , dont la négociation eſt entamée & non finie ; qu'elle a remis le ſurplus deſdits billets à *ſon neveu* , qui de ſon côté les a remis à d'autres perſonnes qu'il refuſe de nommer à la Répondante.

Si elle a vu les perſonnes avec qui le premier billet de 60, 000 liv. a été négocié ?

A dit que non, qu'elle n'a vu le Notaire Gueſpereau que depuis cette affaire entamée , & n'a jamais vu Préville.

73.   Si, pour cette négociation de 60, 000 liv. on a exigé d'elle qu'elle ſe rendît garante du payement du billet ?

A dit que non, car ſi on l'eût exigé , elle l'auroit fait.

74.   Si, pour la négociation faite avec Rubi, elle n'a pas fait différens aɛtes particuliers avec ledit Rubi, & procuré à ce dernier les certificats de Montel & de Benavent, par lequel ces particuliers atteſtent que cette ſomme eſt vraiment due par le Maréchal de Richelieu , & que Rubi a bien légitimement fourni la valeur d'un billet de 25 , 000 liv. , en quoi ledit ſieur de Vedel & Benavent ont atteſté deux choſes fauſſes, car ils n'avoient pas connoiſſance que la ſomme fût due par le Maréchal à elle Répondante, puiſqu'elle convient elle-même que cette ſomme ne lui eſt pas due , & que c'étoit un préſent du Maréchal : que d'un autre côté ils avoient une connoiſſance perſonnelle que ledit Rubi n'avoit point fourni bien légitimement la valeur dudit billet, puiſqu'elle-même a déclaré que ſur la négociation faite avec Rubi de 80 , 000 liv. de billets, elle n'avoit reçu que 25 ou 26 , 000 liv.

A dit, qu'elle s'eſt engagée de payer , dans le cas que M. le Maréchal ne payeroit pas , que cela prouve qu'elle étoit bien perſuadée que M. le Maréchal avoit ſigné ces billets, que ſans cela elle n'auroit pas mis ſon nom , & n'en auroit pas répondu ; qu'elle n'a point engagé les ſieurs Vedel & Benavent à donner leurs certificats, relativement à ladite négociation ; qu'ils l'ont donné d'eux-mêmes, & le lui ont dit après ; que le premier billet a été bien vendu , & qu'ils n'ont point cru faire une fauſſeté , en diſant que M. le Maréchal lui devoit 25 , 000 liv.

S'il n'eſt pas vrai que ſur les négociations faites avec Rubi ,

ce dernier a fourni une quantité de marchandifes qu'il a por-
tées à un prix exorbitant ?

5. 	A dit qu'oui ; mais que c'eſt pour les deux effets qui ne ſont
pas achevés de vendre, que le ſieur Rubi a mis ſes marchandifes à un prix exorbitant.

76. 	A elle remontré qu'elle a donné à vendre & ſçu qu'on faiſoit
courir dans le public nombre de billets de M. le Maréchal ; &
que ſi elle eût cru ces billets bons, elle les auroit ménagés
davantage, vu que rien ne la preſſoit de ſe défaire deſdits
billets, puiſqu'elle avoit pourvu à ſes beſoins les plus preſſans,
& au payement de ſes dettes par les négociations faites avec
le ſieur Préville & Rubi, qui lui avoient produit plus de
60, 000 livres, & que par conféquent c'étoit de ſa part man-
quer gratuitement à ſa parole, à M. le Maréchal, en faiſant
courir entre les mains de courtiers nombre de billets de M. le
Maréchal.

A dit qu'elle a eu connoiſſance qu'il couroit deſdits billets un
mois avant que M. le Maréchal en fût lui-même informé, &
qu'elle en a été fort fâchée : à quoi on répondoit que c'étoit
une idée de ſa part, que c'étoit les ſieurs Benavent, Vedel &
l'Abbé de Villeneuve de Trance, qui la raſſuroient ainſi, &
qu'elle a été bien fâchée qu'on eût ainſi répandu leſdits billets.

77. 	Si leſdits ſieurs Vedel, Benavent, ou autres, ont retiré
quelques profits de ces négociations ?

A dit que non.

78. 	Lui avons repréſenté une lettre en date du 20 Juillet der-
nier, écrite par elle au ſieur Benavent, finiſſant par ces mots :
le petit Abbé Secrétaire vous ira voir aujourd'hui, &c. Sommée de
nous dire quel étoit cet Abbé Secrétaire, & ſi cette lettre n'eſt
pas écrite de la main de l'Abbé de Villeneuve ?

A dit qu'elle reconnoît ladite lettre pour être ſignée d'elle,
mais ne fait qui l'a écrite, & a paraphé avec nous ladite
lettre.

79. 	Lui avons repréſenté qu'elle doit ſentir toute l'importance de
cette affaire, & combien il eſt intéreſſant pour elle, pour ſa famille & pour M. le Maréchal de Richelieu, qu'elle diſe la vérité ;
la ſommant de s'expliquer pour la derniere fois, & de nous déclarer ſi elle perſiſte toujours à ſoutenir que M. le Maréchal a ſigné

tous les billets dont elle nous a parlé : fi elle entend toujours en répéter le montant, & fi elle s'en croit légitime propriétaire ; ou fi au contraire elle n'a pas la foibleffe de fe livrer à des mauvais confeils, & de faire circuler des billets fauffement fignés du Maréchal ?

A dit qu'elle fent en effet toute l'importance de cette affaire, qu'elle en eft dans la plus grande douleur, par rapport à elle, à fa famille & à M. le Maréchal ; qu'il n'y a rien qu'elle n'ait fait, & qu'elle ne fît pour fe raccommoder avec M. le Maréchal ; qu'elle ne peut point attefter toutes les fignatures des billets dont elle eft en poffeffion, parce qu'elle ne les a pas vu faire, comme celle de la lettre du Maréchal au fieur Benavent, mais qu'elle affure en tenir trois du laquais de M. le Maréchal, & les autres par lui-même, qu'elle renonce de tout fon cœur à répéter le montant des billets ; que quand elle avoit les billets, elle les croyoit bons & les vendoit ; mais que M. le Maréchal le lui difputant, elle les lui cede de tout fon cœur : ajoute que fi M. le Maréchal vouloit fe contenter qu'elle paye & retire les billets de Rubi, elle le feroit : qu'elle doit ce témoignage à toutes les perfonnes avec lefquelles elle a vécu, & qui font compromifes dans cette affaire, qu'elle les croit incapables de lui donner aucun mauvais confeil ; qu'elle prie M. le Maréchal de vouloir bien ne pas étendre fa colere fur des perfonnes innocentes, & qui n'ont que le tort d'avoir vendu fes billets.

Leƈture, &c. *Signé*, Vence de Saint-Vincent & Bachois.

Délivré le 26 Août 1774. Signé, Cochin.

DEUXIEME INTERROGATOIRE,

Du 7 Septembre 1774, de relevée.

Avons mandé de fa prifon du Grand-Châtelet la dame de Saint Vincent, par le guichetier de fervice près de Nous, lequel nous a dit & fait réponfe que ladite Dame eft dans fon lit malade, ayant la fievre & mal de tête, & qu'elle fe trouve hors d'état de comparoître pardevant Nous, pour fubir l'interrogatoire ordonné être fait.

Et fur ce que nous lui avons fait dire que nous allions nous tranfporter en fa prifon & chambre, à l'effet dudit interrogatoire, fi elle fe trouvoit en état de nous répondre, elle nous a fait répondre qu'elle étoit prête de fatisfaire à nos queftions, autant que fon état pourroit le lui permettre.

En conféquence nous nous fommes tranfportés avec le Commis-Greffier, dont nous fommes affiftés dans les prifons du Grand-Châtelet, dans la Chambre dite de l'Ecu, où avons trouvé *giffante dans fon lit*, malade comme dite eft, & eft comparue ladite dame de Saint-Vincent.

Laquelle après ferment a dit fe nommer Julie de Vence de Villeneuve, époufe de Meffire Jules de Fauris de Saint-Vincent, ancien Préfident au Parlement d'Aix, âgée de 38 ans, native de Vence, demeurante au Couvent de la Miféricorde, rue du Vieux Colombier.

1.   Lui avons repréfenté 12 billets; favoir, le premier de 60,000 livres; en date du 13 Novembre 1773, négocié au fieur de Préville, & figné le Maréchal Duc de Richelieu; le deuxieme également figné du Maréchal de Richelieu, du premier Mars 1774, de 30,000 livres; le troifieme de 20,000 livres, figné du même Maréchal de Richelieu, en date du 15 Janvier 1774; ces deux derniers repréfentés par le fieur Abbé de Villeneuve, lors de fon interrogatoire du 18 Août dernier; le quatrieme du *8 Mai* 1774, de 20,000 livres; le cinquieme du 4 Avril

1774,

1774, de 35,000 livres ; le fixieme de 26,000 livres, en date du 15 Mars 1774; ces trois derniers faifant en total la fomme de 80,000 livres, négociés au fieur Rubi ; le feptieme du 3 Novembre 1773, de 60,000 livres ; le huitieme du 15 Décembre 1773, de 40,000 livres ; le neuvieme du premier Janvier 1774, de 35,000 livres ; le dixieme du premier Février fuivant, de 45,000 livres ; le onzieme du 15 Février 1774, de 35,000 livres.

Ces cinq derniers dépofés par Mᵉ Lafite, Procureur de la Répondante.

Le douzieme & dernier du 15 Décembre 1773, de 20,000 livres, faifant la feptieme piéce de la deuxieme liaffe des papiers trouvés dans les poches du fieur Benavent ; lefdits douze billets fignés le Maréchal Duc de Richelieu, formant enfemble la fomme de 425,000 livres: interpellée de les reconnoître, & de déclarer fi elle perfifte à foutenir que lefdits billets font véritablement fignés de M. le Maréchal Duc de Richelieu, & qu'il en eft débiteur envers elle ; fommée de s'expliquer ?

Et lui obfervons que M. le Maréchal Duc de Richelieu foutient que les fignatures appofées au bas defdits billets, enfemble *les bons pour* les fommes y énoncées, font faux.

A dit qu'elle reconnoît lefdits 12 billets repréfentés pour être ceux dont elle nous a rendu compte par fon premier interrogatoire ; lefquels elle a fait négocier en partie, & qu'elle a fait repréfenter par Mᵉ Lafite, fon Procureur.

2. Lui avons repréfenté les 5, 6, 7, 9, 11, 12, 13, 14, 18, 26, 27, 28, 29, 30, 31, 32, 33 & 34e des pieces dépofées par Mᵉ Lafite, Procureur en cette Cour, les 2 & 3 du préfent mois, enfemble la douzieme piece de la premiere liaffe des papiers trouvés fous les fcellés appofés par le Commiffaire Chenon chez la Répondante, toutes lefquelles pieces font lettres prétendues adreffées à la Répondante par M. le Maréchal Duc de Richelieu.

Sommée de les reconnoître & de s'expliquer fur lefdites pieces ; & de déclarer fi elle prétend foutenir que lefdites pieces font réellement écrites par M. le Maréchal de Richelieu ?

Lui obfervons que M. de Richelieu a formé fon infcription

de faux contre lefdites dix-neuf lettres , & foutient ne les avoir pas écrites ; interpellée de s'expliquer ?

A dit qu'elle reconnoît lefdites dix-neuf lettres ; foutient qu'elles font de l'écriture de M. le Maréchal de Richelieu , qu'elle les a toutes reçues fous leurs dates & y a fait réponfe dans le tems.

Lui avons repréfenté les dix-neuf autres pieces, faifant avec les dix-huit dont il a été parlé ci-deffus, les trente-fept dépofées par Me Lafite au Greffe Criminel ; fur lefquelles dix-neuf pieces M. le Maréchal Duc de Richelieu ne s'eft point expliqué. Sommée de les reconnoître & de s'expliquer fur icelles ?

A dit qu'elle les reconnoît comme lettres qu'elle a reçues de M. le Maréchal , tant par fon Laquais nommé S. Jean , que par la pofte.

4. Sommée de nous dire par qui elle a fait écrire le corps des billets ci-deffus repréfentés ?

A dit que le fieur de la Tour, Avocat , qui eft actuellement à Montauban , & qui étoit à Paris alors , rue du Fauxbourg S. Germain , en a écrit fix ; favoir, un de cent mille écus & cinq de foixante mille livres ; & que les deux de foixante mille livres étant au nombre de ceux ci-deffus à elle repréfentés , font partie de ceux écrits par ledit fieur de la Tour ; que les dix autres billets ont été écrits , favoir, un qu'elle ne peut reconnoître , par le fieur Abbé de Trance , fon coufin , & les neuf autres par différens Ecrivains.

5. Sommée de nous dire fi elle a fait venir ces Ecrivains chez elle , ou fi elle a envoyé des modeles de billets pour les faire écrire chez eux ? Interpellée de nous dire quels font ces Ecrivains, & par qui elle les a envoyé chercher ?

A dit qu'elle ne croit pas que lefdits billets aient été écrits chez elle , ne peut rien affurer là-deffus ; a envoyé chercher un ou deux Ecrivains à différentes fois. Ignore fi c'eft par fon Laquais ou par quelqu'autre : ne fait pas les noms & demeures defdits Ecrivains qui ont fait le corps defdits billets.

6. A elle remontré qu'il eft fort extraordinaire qu'elle ne fache pas les noms ou demeures defdits Ecrivains. Sommée de nous dire s'il n'eft pas plutôt vrai qu'elle a fait écrire lefdits billets par des perfonnes de fa connoiffance : & lui obfervons que

tous lesdits billets sont écrits sur du papier fin & doré sur tran-
che; que les Ecrivains publics font peu d'usage de ce papier,
ce qui fait présumer que ce ne sont point des Écrivains publics
qui ont écrit lesdits billets ?

A dit qu'elle nous a répondu la vérité, qu'elle a fourni le
papier à ceux desdits Ecrivains qui sont venus chez elle, & l'a
envoyé aux autres.

. Ce fait, & attendu l'état de maladie où se trouve la dame
de Saint-Vincent, & qu'elle ne peut supporter une plus lon-
gue vacation, avons, ainsi que la Répondante, paraphé les
pieces à elle ci-dessus représentées, & continué le présent Interrogatoire au premier jour.

Lecture, &c. *Signé*, VENCE DE SAINT-VINCENT
& BACHOIS.

Du 24 Septembre 1774, de relevée.

Pour la continuation du présent Interrogatoire, nous nous
sommes transportés, assistés de Me Claude de Belle, Commis-
Greffier susdit, en la prison & chambre sus-énoncés, où étant, est
comparue pardevant Nous ladite dame de Saint-Vincent, dans
son lit malade, paroissant avoir une continuation de fievre, &
se plaignant de différentes douleurs : laquelle, après serment de
dire vérité, a dit se nommer, &c.

7. Lui avons représenté 1°. *dix liasses de papiers* trouvés sous
les scellés apposés par le Commissaire Chenon chez la veuve
le Roi; la premiere composée de douze pieces, qui sont *lettres
d'elle Déposante, au Chevalier de Vedel.*

La deuxieme, composée de quatre pieces qui sont lettres
aussi d'elle Répondante, *au même sieur de Vedel.*

La troisieme, composée de dix pieces, qui sont lettres d'elle
au sieur de Vedel Montel.

La quatrieme, composée de seize pieces qui sont pareillement lettres d'elle Répondante *au Major Vedel de Montel.*

La cinquieme, composée de deux pieces, est une lettre de
M. de Richelieu à elle Répondante, & une adresse d'autre lettre
à elle Répondante, cachetée aux armes de M. le Maréchal de
Richelieu.

F ij

La fixieme, compofée de cent pieces, font toutes lettres d'elle Répondante *au fieur Chevalier de Vedel.*

La feptieme, compofée de cent pieces, font encore lettres d'elle Répondante, *au Chevalier de Vedel.*

La huitieme, compofée de pareil nombre de cent pieces, font toutes lettres d'elle Répondante *au fieur Chevalier de Vedel.*

La neuvieme, compofée de cent trente-trois pieces, font auffi lettres d'elle Répondante, *au fieur Vedel de Montel.*

La dixieme & derniere liaffe, compofée de cinq pieces, qui font *renfeignemens des négociations entre le fieur de Vedel Montel & la veuve Leroy :* fommée de s'expliquer fur lefdites dix liaffes de pieces?

A dit qu'elle reconnoît les pieces compofant les neuf premieres liaffes, pour être toutes pieces & lettres par elle écrites au Major Vedel, excepté néanmoins les deux pieces de la cinquieme liaffe, qui font une lettre du Maréchal écrite à elle Répondante, & l'enveloppe d'une autre lettre pareillement à fon adreffe, & marquée du cachet de M. le Maréchal de Richelieu. Ne reconnoît point les cinq pieces de la dixieme liaffe. Déclare au furplus qu'elle ne veut parapher aucune defdites pieces, parce que, fuivant elle, elles font toutes étrangeres à fon affaire actuelle de billets.

8. Lui avons repréfenté *onze autres liaffes de papiers* trouvés fous les fcellés appofés par le Commiffaire de Graville chez la veuve Leroy.

La premiere, compofée de dix pieces, qui font toutes d'elle Répondante, *au Major Vedel.*

La deuxieme, de trente pieces, qui font également lettres d'elle Répondante, *au Chevalier de Vedel.*

La troifieme, de quarante-cinq pieces, auffi lettres d'elle Répondante, *au Chevalier de Vedel.*

La quatrieme, de trente-fept pieces, qui font également lettres d'elle Répondante, *au fieur Chevalier de Vedel.*

La fixieme, de deux pieces, qui font des *fragmens découpés* de lettres, paroiffant écrites par le Maréchal de Richelieu à elle Répondante.

La feptieme liaffe compofée de trois pieces, auffi lettres d'elle Répondante, *au Chevalier de Vedel.*

La huitieme, c'eſt-à-dire quatre autres liaſſes de papiers trou‑
vés chez la veuve Leroy, dans un paquet cacheté & intitulé,
Brouillons.

La premiere compoſée de quinze Pieces qui ſont Mémoires
relatifs au Chevalier Vedel.

La deuxieme, de dix Pieces, qui paroiſſent *des copies ou
des modeles de lettres de M. de Richelieu*, le tout écrit de la
main *du Chevalier de Vedel*.

La troiſieme, compoſée de dix-ſept Pieces *qui ſont écrites
tant par elle Répondante que par le Chevalier de Vedel, & qui
paroiſſent établir la contrefaction des billets du Maréchal de Riche‑
lieu*.

La quatrieme & derniere, compoſée de huit Pieces, rela‑
tives à une affaire entre le Chevalier de Vedel & la famille de
la Demoiſelle de Laidnon. Sommée de reconnoître leſdites
Pieces ?

A dit que ces Pieces n'ayant aucune relation avec les billets,
elle n'a rien à y répondre.

Lui avons remontré que leſdites Pieces paroiſſent au con‑
traire avoir un rapport immédiat avec la fauſſeté des billets,
ainſi que cela ſera établi par les queſtions que nous lui ferons
ci-après ; lui déclarons en conſéquence que faute par elle de
s'expliquer ſur leſdites Pieces, M. le Duc de Richelieu ſera
en droit d'en tirer toutes les inductions qui en réſulteront en
ſa faveur ; & l'avons ſommée une deuxieme fois de s'expli‑
quer ſur leſdites Pieces, & de détruire, ſi elle le peut, toutes
ces inductions.

A dit que toutes les lettres que nous lui repréſentons n'ont,
encore une fois, aucun rapport à l'affaire des billets ; qu'en
conſéquence elle ne peut y répondre, faute d'avoir aucune
explication à en donner ; que *c'eſt à Dieu à lui demander compte
de ce qu'elle a donné ſon cœur à un autre qu'à lui ; ce dont elle eſt
bien fâchée ; que depuis qu'elle a détourné ſon cœur de Dieu, il
lui eſt arrivé toutes ſortes de malheurs ; & que ſi Dieu lui donne
le tems, elle fera ſes efforts pour réparer ſes fautes*, qu'elle ne
peut s'expliquer plus amplement.

10.　A elle remontré, pour la troiſieme & derniere fois, confor‑
mément à l'Ordonnance, qu'elle doit s'expliquer ſur les Pieces

que nous venons de lui repréfenter, ainfi que fur celles que nous lui repréfenterons par la fuite : lui déclarant que faute par elle de le faire, M. le Maréchal fera en droit d'en tirer toutes les inductions convenables.

A dit qu'elle perfifte à dire *ne favoir que dire fur ces lettres*, fi ce n'eft qu'elle a écrit tout ce qu'elle a trouvé dans fon imagination pour récréer & intéreffer la perfonne à qui elle les écrivoit.

11. Quelle eft cette perfonne à qui elle écrivoit ?

A dit, que le nom eft écrit fur les lettres.

12. Lui avons repréfenté huit liaffes, quatre des papiers trouvés chez elle, lors de la premiere appofition de fcellé en fon domicile, & quatre autres, lors de la deuxieme appofition de fcellé dans fondit domicile.

La premiere defdites huit liaffes, compofée de douze pieces, dont la deuxieme arguée de faux lui a été repréfentée hier, qui font lettres prétendues écrites à elle Répondante par le Maréchal de Richelieu, ou copies defdites lettres, tranfcrites par elle Répondante & le Chevalier de Vedel.

La deuxieme de fept pieces, qui font lettres qui paroiffent à elles adreffées & écrites par le Chevalier de Vedel.

La troifieme, compofée de quatre pieces, qui font une affiche de vente d'effets qu'elle avoit probablement pris en paiement de Rubi & lettres de différens particuliers, entr'autres la quatrieme qui eft un écrit de garantie d'un billet de 25,000 liv., figné d'elle & paroiffant foufcrit par Benavent.

La quatrieme, font trois pieces; favoir, copie de la lettre de M. de Richelieu à elle Répondante, par laquelle il fe plaint de la diftribution des billets fignés de lui.

La deuxieme & la troifieme, qui font lettres d'elle Répondante au Maréchal, en date des 16 & 23 Juillet dernier.

La cinquieme liaffe, qui fait la premiere des deuxiemes fcellés appofés chez elle Répondante, compofée de 18 pieces, qui font différens mémoires & lettres à elle adreffés.

La fixieme, compofée de 8 pieces, font Sentences des Confuls & autres pieces, bordereaux & procédures.

La feptieme, compofée de deux pieces, qui font lettres de M. de Richelieu à elle Répondante.

La huitieme & derniere liaſſe, compoſée de trois pieces, ſont mémoires quittancés d'elle Répondante.

Sommée de s'expliquer ſur leſdites pieces?

A dit que tout cela eſt vrai, & les billets de M. le Maréchal, & les lettres repréſentées; qu'elle ne veut point s'expliquer en détail ni les parapher, parce qu'elle eſt malade; *qu'elle croit qu'elle mourra bientôt; qu'elle veut ſe confeſſer demain*, & que ſon ame étant diſpoſée à ſe confeſſer, elle jure & proteſte que le Maréchal de Richelieu lui a envoyé les lettres & les billets qu'il argue de faux aujourd'hui; ne veut point parapher leſdites pieces ci-deſſus repréſentées.

13. Lui avons encore repréſenté quatre liaſſes trouvées ſur les ſcellés du ſieur Benavent.

La premiere, compoſée de huit pieces.

La deuxieme de vingt-quatre pieces, dans laquelle ſeconde, la ſeptieme piece qui étoit un billet de 20,000 liv., ſouſcrit du Maréchal, a été retiré deſdites liaſſes comme argué de faux.

Et les deux autres liaſſes trouvées ſous les ſcellés du ſieur Benavent.

La premiere de trente-trois pieces, & la deuxieme de neuf; ſommée de les reconnoître?

A dit, après avoir examiné leſdites pieces, qu'elle ne veut pas les parapher, parce qu'elle les croit inutiles à ſon procès.

14. Lui avons repréſenté trois autres liaſſes de papiers, trouvées ſous les ſcellés du ſieur Vedel.

La premiere, compoſée de quatre pieces, entr'autres, une lettre d'elle Répondante étant ſur deux feuilles de papier.

La deuxieme, compoſée de onze pieces, qui ſont pour la plupart lettres d'elle au ſieur Vedel.

La troiſieme & derniere liaſſe, compoſée de huit pieces, dont la derniere, entr'autres, eſt une Note écrite par la Répondante, portant ces mots : *Edouard eſt né le 28 Août, neuf heures du ſoir; il a eu l'eau ſans être baptiſé; le Chirurgien a demeuré ici trois jours, eſt reparti le lendemain; je lui ai donné 25 louis; le neveu de la Prieur a prêté 40 louis pour fournir à tous les frais.*

15. Sommée de reconnoître leſdites pieces, de s'expliquer ſur icelles, notamment ſur cette derniere, même de la parapher en lui réitérant l'obſervation ci-deſſus, que faute par elle de

s'expliquer, M. le Maréchal en tirera les inductions qui lui conviendront?

A dit qu'elle ne veut rien parapher, parce qu'elle reconnoît ces écrits pour être une extravagance de son imagination, *& qu'elle permet à M. le Maréchal d'en tirer toutes les inductions qu'il voudra, s'il peut vérifier & constater qu'elle a fait un enfant.*

16. Lui avons encore représenté quatre liasses de papiers trouvés sous les scellés du sieur Abbé de Villeneuve; la premiere, composée de sept pieces.

La deuxieme, de quatre pieces.

La troisieme, est une reconnoissance, par elle donnée à l'Abbé de Villeneuve, de cinq billets du Maréchal de Richelieu.

La quatrieme & derniere, de deux pieces.

Interpellée de les reconnoître?

A dit que de toutes lesdites pieces elle ne reconnoît que la 33e, qui est relative aux cinq billets, pour être une reconnoissance d'elle Répondante, & n'en veut parapher aucune.

17. Lui avons représenté une liasse, composée de douze pieces trouvées sous le scellé du sieur Rubi.

Sommée de reconnoître toutes lesdites pieces, & de s'expliquer sur icelles?

A dit qu'elles sont toutes pieces étrangeres à elle Répondante, & qu'elle ne peut pas les reconnoître ni les parapher.

18. Avons de nouveau représenté à la Répondante, totalité des pieces ci-dessus énoncées, lui déclarant qu'elle devroit s'expliquer sur lesdites pieces, qu'il est de la derniere importance pour elle de se justifier, si elle est innocente, de l'imputation qui lui est faite, & qu'elle ne peut le faire qu'en rendant le compte le plus exact de sa conduite, & que toutes les réticences ou refus de s'expliquer seront imputés contr'elle; que si au contraire, elle a à se reprocher d'avoir contrefait ou fait contrefaire l'écriture & la signature de M. de Richelieu, il est convenable à une femme de sa naissance, de son nom, *digne d'ailleurs des sentimens de piété & de dévotion qu'elle fait paroître*, de rendre justice à mondit sieur le Duc de Richelieu, & d'éclaircir les questions qui existent aujourd'hui entr'elle & lui, desquelles la décision est très-importante, tant relativement à la fortune qu'à l'honneur de l'une & l'autre des Parties.

A

A dit, qu'elle ne refusera jamais de se justifier, quand il sera question de répondre à l'accusation que M. le Maréchal a intentée contr'elle ; qu'elle ne l'a jamais accusé ni imaginé de le faire, mais qu'elle se défend, comme elle peut, en prison, tandis que M. le Maréchal l'attaque en liberté, avec le crédit qu'il a sur l'esprit de M. le Procureur du Roi, *& que sans ce crédit, elle ne seroit pas si malheureuse qu'elle l'est.*

19. Interrogée quel est l'événement qu'elle dit dans son premier interrogatoire, s'être passé entr'elle & M. le Maréchal à Poitiers, & qu'elle annonce avoir été le motif des promesses qu'il lui a faites ?

20. A dit, que c'est qu'elle a couché avec lui.

Si elle n'a pas voulu persuader aux personnes qu'elle a trouvé le moyen d'intéresser à son affaire, qu'elle avoit eu un enfant de M. le Maréchal ?

A dit, qu'elle ne croit pas qu'elle ait voulu persuader à personne, qu'elle avoit fait un enfant.

21. A elle remontré, que d'après les pieces du procès, & les dépositions des témoins, il n'est pas possible de douter qu'elle n'ait voulu persuader à plusieurs personnes, qu'elle avoit eu un enfant de M. de Richelieu ; & lui observons qu'une personne digne de foi atteste avoir vu entre les mains de Mc Lafite, son Procureur, *une lettre qu'on annonçoit écrite par le Maréchal de Richelieu, par laquelle il reconnoissoit cet enfant, donnoit des conseils pour qu'il fût élevé chez un Bourgeois, afin qu'il fût plus robuste :* qu'on peut d'autant moins douter de l'existence de cette lettre, qu'on assure qu'elle a été montrée à *M. de Sartine*, & lue par ce Ministre : qu'elle a même été montrée à plusieurs personnes *à la Cour, à Compiegne,* par Mc Lafite, Procureur, accompagné de l'Abbé de Villeneuve, neveu d'elle Répondante ; sommée de convenir de l'existence de cette lettre, de déclarer si elle prétend réellement que ladite lettre ait été écrite par M. de Richelieu & à elle adressée : qui a remis cette lettre à Mc Lafite? & pourquoi elle n'a point été déposée au Greffe, puisqu'elle est naturellement l'une des plus importantes ; & qu'elle auroit dû être déposée une des premieres ?

A dit qu'elle n'a point eu d'enfant, ni du Maréchal de Richelieu, ni d'un autre à Poitiers : ne se souvient pas si elle a voulu faire accroire au Maréchal qu’elle avoit eu un enfant de lui : fe fouvient en général qu’elle lui a fait beaucoup d’hiftoires & de bavardages pour tirer de lui de l’argent, parceque le mari d’elle Répondante ne lui en donnoit point ; n’a pas dit aux perfonnes qui s’intéreffoient à elle, que le Maréchal lui avoit fait un enfant ; a bavardé en général, en difant devant ces perfonnes : *eh fi je difois que j’ai fait un enfant ;* ne peut nous dire fi elle a reçu de lui une lettre relative à un enfant ; croit en avoir reçu de toutes efpeces de M. le Maréchal : n’a point donné ordre de montrer ni publier la lettre en queftion.

Déclare avoir remis à fes Confeils, avant d’aller à la Baftille, toutes les lettres qu’elle avoit alors en fa poffeffion de M. le Maréchal.

Obferve qu’il y avoit une ferviette pleine defdites lettres, qui étoient au nombre de deux ou trois cents, ne fait quel ufage on a fait defdites lettres ; que depuis ce tems elle a fait tout ce qu’elle a pu pour les ravoir, mais qu’on lui a répondu de ne point fe mêler de fes affaires, & qu’elle gâtoit tout en s’en mêlant.

22. Sommée de nous dire quels font les Confeils auxquels elle a remis lefdites lettres, & qui lui ont dit qu’elle gâtoit tout en fe mêlant de fes affaires ?

A dit que ces perfonnes étoient fon Confeil, & qu’elle ne peut pas en dire davantage.

23. A elle remontré qu’elle doit vérité entiere, qu’il faut qu’elle nomme précifément celui ou ceux auxquels elle a remis lefdites lettres ; qu’elle déclare auffi fi elle a voulu faire accroire au Maréchal, ou à quelques autres perfonnes, que mondit fieur de Richelieu lui avoit fait un enfant ; que fon excufe à cet égard, en difant qu’elle ne s’en fouvient pas eft vaine, 1°. parce qu’une femme n’oublie point des faits de cette nature ; 2°. parce qu’on a publié à la Ville & à la Cour la naiffance de cet enfant, qu’on avoit mis fur le compte de M. de Richelieu ; fommée de s’expliquer fur tout ce que deffus : & lui obfervons que fes réticences à cet égard, loin de l’innocenter, ou de la faire paroître moins coupable, l’inculpent davantage, & inculpent avec elle nombre de perfonnes que nous avons tout lieu de préfumer honnétes, & fur l’honnêteté defquelles le récit qu’elle vient de nous faire eft propre à jetter les plus violents foupçons ?

24. A dit que ces faits-là n'ayant aucun rapport avec les billets, elle n'a rien à y répondre.

25. A elle remontré que la naiſſance vraie ou fauſſe de cet enfant attribué à M. de Richelieu, a un rapport immédiat avec les billets, parce qu'on a prétendu que la naiſſance de cet enfant, étoit la cauſe des libéralités de M. de Richelieu, qui en effet ne ſont croyables, vu leur excès, qu'en ſuppoſant un enfant auquel on a voulu aſſurer un ſort : qu'elle doit par conſéquent répondre ſur le fait en queſtion ; lui obſervons que juſqu'à préſent, nous avons voulu, en lui prouvant la juſteſſe de nos demandes, la perſuader de la néceſſité d'y répondre, mais que ne pouvant en venir à bout, nous employons la voie qui nous eſt preſcrite.

En conſéquence la ſommons de répondre aux demandes ci-deſſus ; lui déclarant enfin que faute par elle d'y répondre net-tement & préciſément, tous les faits feront tenus pour avérés contre elle, tant ceux ci-deſſus énoncés, que ceux dont nous aurons occaſion de lui parler par la ſuite, & ſur leſquels elle refuſera de répondre.

A dit que la ſerviette pleine de lettres du Maréchal de Riche-lieu, a été remiſe par elle au ſieur *Abbé de Villeneuve Flayoſe*, ſon neveu ; qu'elle ſait que ſondit neveu les a toutes remiſes au tiers au quart ; ne ſait poſitivement à qui, & ne peut indiquer que Me Lafite, Procureur, pour en avoir eu ; qu'à l'égard de ceux qui lui ont dit qu'elle gâtoit ſes affaires en s'en mêlant, ſont tout le monde, *l'Abbé de Villeneuve, M. de Caſtellane & autres. Convient qu'elle a cherché à faire accroire au Maréchal qu'il lui avoit fait un enfant, & cela uniquement dans la vue de ſe procurer quelqu'argent.*

25. Si pour parvenir à faire accroire cette groſſeſſe au Maréchal, elle lui a écrit ſouvent ; & ſi elle a reçu de lui des lettres en réponſes, relatives ſoit à ſa groſſeſſe, ſoit à la naiſſance de cet enfant ?

A dit qu'elle a écrit au Maréchal des lettres relatives à cette groſſeſſe, & a reçu de lui des réponſes relatives à cette groſſeſſe.

26. Si elle a finguliérement reçu la lettre dont nous lui avons parlé ci-deſſus, relative à l'éducation de l'enfant, laquelle a été vue par M. de Sartine.

A dit qu'elle ne fait pas quelle est la lettre qu'on a montrée à M. de Sartine, ignore pareillement ce que pouvoient contenir les lettres par elle reçues du Maréchal, & si elles parloient de l'éducation de cet enfant.

27.   A elle remontré que nous ne pouvons que lui répéter que ses réticences ne peuvent que l'inculper plus qu'un aveu; *qu'il n'est pas possible, si elle est parvenue à faire accroire à M. de Richelieu qu'elle ait eu un enfant de lui comme elle dit, qu'il n'en ait été question nombre de fois dans ses lettres*, & qu'ainsi ce fait ne peut lui être échappé de la mémoire. Lui observons que d'après l'ensemble de l'affaire, on est tenté de croire que la Répondante, aveuglée par sa passion pour le sieur Chevalier de Montel, passion qui a été portée au dernier période, a eu la foiblesse de faire un enfant, & même deux ; qu'ensuite pressée par le besoin d'argent, devenu plus urgent, parce qu'il falloit qu'elle frayât aussi aux dépenses du sieur Vedel de Montel, & à l'éducation de l'enfant, a cherché à faire ressource, & a fait faire ou fait contrefaire la signature de M. le Maréchal au bas des billets dont est question ; ensemble les lettres relatives auxdits billets, soit qu'elle fût pour raison de cette fabrication d'accord avec le sieur de Vedel, soit (ce qui n'est pas sans vraisemblance) qu'elle abusât aussi le sieur Vedel par l'appât des promesses qu'elle disoit que le Maréchal lui faisoit ; ajoutons à ce raisonnement que nous avons d'autant plus lieu de le croire juste, que M. de Richelieu nie positivement avoir jamais eu ses oreilles frappées de grossesse, ou d'enfant de sa part, & à plus forte raison nie lui en avoir jamais parlé dans ses lettres, en telle sorte que, sans avoir essayé de sa part à faire accroire au Maréchal qu'elle eût un enfant de lui, elle a pu, en contrefaisant ses lettres, faire accroire au sieur Vedel que le Maréchal le croyoit, ou bien que le sieur Vedel sera entré de moitié dans le complot.

A dit qu'elle consent que l'on croye l'accusation ci-dessus, si on peut lui prouver qu'elle ait fait un enfant dudit sieur Vedel ; & qu'au contraire s'il est vrai qu'elle n'en a point eu, elle demande réparation pour raison de cette calomnieuse accusation que fait contre elle M. le Maréchal de Richelieu, & la demande aussi pour le sieur Vedel, qui ne lui a fait réellement aucun enfant.

28. A elle remontré que nous examinerons par la suite si réelle-ment elle a fait ou n'a pas fait d'enfant, que nous croyons avoir à cet égard les preuves les plus positives qu'elle a eu un enfant, & preuves d'autant plus fortes, qu'elles sont émanées d'elle-même; mais que, quant à présent elle ne répond point à notre demande dont nous lui avons fait faire une deuxieme fois lec-ture : la sommant de déclarer précisément *si dans le nombre considérable de lettres par elle reçues du Maréchal, elle en a reçu de relatives, soit à sa grossesse, soit à la naissance de l'enfant, soit à l'éducation dudit enfant :* lui faisant toujours observer qu'il est impossible, en admettant ce qu'elle nous a dit ci-devant, qu'elle est parvenue à le faire croire au Maréchal ; que ce dernier ne lui ait écrit nombre de lettres là-dessus, & qu'elle ne se rap-pelle desdites lettres.

A dit qu'elle ne se souvient pas de toutes les lettres qu'elle a écrites au Maréchal, ni de toutes les paroles que contiennent ses lettres.

29. Lui avons répété que faute par elle de s'expliquer sur ce fait, ainsi que sur tous les autres, sur lesquels nous l'interrogeons, on tirera de son silence les inductions qui paroîtront résulter du procès, & que pour ne pas répéter les trois sommations de l'Ordonnance à chaque question, nous lui faisons la seconde par ces Présentes de répondre catégoriquement à toutes les questions tant précédentes que celles que nous lui ferons par la suite.

A dit qu'elle répondra ce qu'elle sait, & que si elle se sou-vient de quelque chose de mieux que ce qu'elle nous a répondu, elle s'en expliquera une autre fois.

30. Lui avons fait la troisieme & derniere sommation de répondre aux questions ci-dessus, ainsi qu'à celles que nous ferons par la suite, lui déclarant que faute par elle d'y répondre, on sera en droit de tirer contre elle les inductions qui paroîtront résulter du procès, & de tenir les faits pour avérés : & lui avons expliqué verbalement, & de maniere à lui faire comprendre ainsi qu'elle nous l'a dit, le but que se proposoit la loi en réitérant ces trois sommations.

A dit qu'elle est malade, qu'elle ne peut rien répondre quant à présent, qu'elle se trouve mal, & répondra lundi.

Ce fait, & attendu qu'il eſt neuf heures, & les Déclarations ci-deſſus de la Dame Répondante, *qu'elle ſe trouve mal ;* avons continué le préſent Interrogatoire à Lundi prochain.

Lecture, &c. *Signé*, VENCE DE SAINT-VINCENT & BACHOIS.

Du 16 Septembre 1774.

Avons mandé de ſa priſon du Grand-Châtelet la dame de Saint-Vincent, par le guichetier de ſervice près notre Cabinet-Criminel.

Lequel nous a dit & fait rapport que ladite dame de Saint-Vincent eſt encore retenue dans ſon lit par l'incommodité de la fievre, dont elle eſt attaquée depuis pluſieurs jours ; que néanmoins elle deſiroit que le préſent interrogatoire fût continué cejourd'hui par Nous indiqué, en fin de la derniere vacation, & nous faiſoit ſupplier de nous tranſporter en ſa priſon & chambre à cet effet.

A quoi obtempérant, ſommes de nouveau tranſportés ès priſons & chambres ſuſdites, aſſiſtés dudit Commis-Greffier, où étant, avons trouvé dans ſon lit & eſt comparue pardevant Nous Dame Vence de Saint-Vincent, laquelle, après ſerment, &c.

Interrogée ſi elle ſe trouve en état de nous entendre & de répondre aux queſtions que nous allons lui faire ?

A dit qu'oui, & que même elle jure qu'elle ne dira que la vérité.

30. Si elle veut répondre à la queſtion que nous lui avons faite ſamedi dernier, ſi elle a voulu faire accroire à M. le Maréchal qu'elle étoit enceinte, & enſuite accouchée, & ſi elle a reçu de lui des lettres relatives à ſa groſſeſſe & à l'éducation de l'enfant dont elle eſt accouchée ?

A dit, que la vérité eſt qu'elle lui a mandé qu'elle étoit groſſe, quoiqu'il n'en fût rien, mais qu'elle ne lui a jamais écrit qu'elle étoit accouchée ; *que dans aucune lettre le Maréchal ne lui a rien mandé de relatif à l'éducation de cet enfant, & qu'elle ne ſe reſſouvient d'aucun arrangement de phraſes, & comment les lettres étoient conçues :* ne ſait où ſont ces lettres, & n'en a aucunes ; qu'elle ne peut dire en ſon ame & conſcience où elles ſont, ni qui les a.

31.. Lui avons remontré, que cette défenfe, par laquelle elle paroît vouloir ignorer de tout, ne vouloir rendre compte de rien, même des chofes qui doivent l'avoir affectée le plus vivement, & par laquelle elle paroît décidée à nier les chofes les plus certaines, ne peut que produire un très-mauvais effet fur l'efprit de fes Juges.

Lui obfervons que de *deux chofes ; ou elle a réellement fait accroire à M. de Richelieu qu'elle étoit accouchée d'un enfant de fes œuvres, & a reçu des lettres, & plufieurs relatives à la naiffance & à l'éducation de cet enfant ; ou bien elle a fauffement fuppofé des lettres relatives à cette naiffance & à cette éducation : que nous voyons entr'autres lettres, celle formant la trente-neuvieme de la huitieme liaffe des fcellés appofés par le Commiffaire Chenon chez la femme Leroy, qui eft une copie de lettre du Maréchal qu'elle envoye au fieur Vedel ;* elle y fait dire au Maréchal :» j'ai don-
» né ordre à Pechot, il vous comptera cent mille écus tout à la
» fois. Je le charge de retirer les 45000 livres qui font chez ce
» Procureur.... Vous êtes la maîtreffe de faire de cet argent ce
» qu'il vous plaira.... Je vous confeille de vous ménager des reve-
» nus pour vivre honnêtement, quand vous ferez rendue dans un
» Couvent à Paris, *& prendre foin de l'éducation*... &c. Il y a quelques autres lettres dans ce goût qui nous meneroient trop loin, mais que de celle-là il réfulte, *ou qu'elle a réellement reçu cette lettre du Maréchal, auquel cas elle nous en a impofé en difant qu'elle n'avoit jamais reçu de lettres de M. le Maréchal, relatives à la naiffance & à l'éducation de l'enfant,* & la fommons de repréfenter l'original de cette lettre, dont elle a envoyé la copie au fieur Vedel ; *ou ce qui eft plus vraifemblable, elle n'a point reçu de lettres de cette efpece, mais a fait femblant, vis-à-vis du fieur Vedel, d'en avoir reçu.*

A dit qu'elle ne peut point expliquer les lettres de M. le Maréchal ; qu'elle reconnoît avoir reçu celle dont nous lui parlons ; en a envoyé la copie audit fieur Vedel : qu'il en a même vu l'original, & ne fait ce qu'il eft devenu.

32. A elle remontré, que dans une affaire de cette importance il ne fuffit pas de dire qu'elle ne fait ce que font devenues ces lettres, qu'il faut qu'elle les produife, ou elle fera cenfée les avoir falfifiées ou fait falfifier, par fon refus de les produire.

A dit qu'elle jure sur son honneur qu'elle ne sait pas ce qu'elles sont devenues.

33. Si elle n'a pas eu pour le sieur Vedel une passion suivie & continuée pendant très-longtems, & jusqu'à ce moment même ; si cette passion n'a pas été poussée au dernier période, & si elle n'est pas accouchée de deux enfans des œuvres dudit Vedel, ou au moins d'un ?

A dit, qu'elle n'a à rendre compte qu'à Dieu de ses passions & de leurs suites : qu'elle proteste en son ame & conscience n'être accouchée d'aucun enfant à Poitiers : *qu'il est vrai qu'elle a voulu le faire croire au sieur Vedel.*

34. A elle remontré qu'elle nous en impose grossièrement ; qu'on voit dans une foule de lettres d'elle au sieur Vedel, *l'annonce de sa grossesse, les progrès de cette grossesse, l'accouchement, la fievre de lait, suivie d'une fievre putride ; la survie de l'enfant à sa naissance, l'intérêt qu'elle y prenoit & qu'elle excitoit le Major à prendre cet enfant, en l'assurant qu'il en étoit réellement le pere ;* & qu'à cet égard il est impossible de se refuser à la conviction ; & lui déclarons que nous allons lui mettre sous les yeux sommairement les morceaux de ses lettres relatives à tout ce que dessus.

Il lui étoit survenu un accident pendant sa grossesse, il étoit question de consulter : « Je ne sais à qui me fier, écrit-elle, » (seconde piece de la premiere liasse du Commissaire Chenon » chez la veuve Leroy) consultez, sans nommer personne, ce » que doit faire une femme en pareil cas, il faut dire que c'est » une peur.... Peut-être rien ; je le desire, parce que je per-» drois tout ce que j'ai de toi, mon cher Major.... Troisieme piece de la même liasse : « J'ai lu vos lettres dans le froid de la » fievre de lait, & je crois que le lait s'est répandu dans mon » sang.....On ne s'est apperçu de rien, ni à la Ville, ni au » Couvent».

Quatorzieme piece de la même liasse. « Me voici encore » debout.... Je vous donnerai un petit & bientôt ».

Cinquieme piece de la même liasse. « Je ne crois pas d'aller » à huit jours, car j'ai préludé cette nuit ; dites-moi si vous avez » pensé à la mere & au fils ». Septieme piece *idem.* « Me voilà » malade, le pauvre petit tient bon, il remue encore, fais-le » vivre ;

» vivre ; fi tu m'aimes, il ne mourra pas .... Je vous charierois
» ce qui vous appartient ; c'eft un dépôt facré pour moi ; foyez
» fûr que je n'y ai pas touché , mais l'heure n'en étoit pas
» venue ....» On parle enfuite de fanté , & on finit par dire ,
» qu'elle vienne vîte avec la vie de mon enfant ».

Huitieme piece *idem.* « Je tremblois dans ce moment la fievre
» de lait .... Jeudi paffé j'étois dans les douleurs .... On n'a
» pas le moindre doute, foyez-en fûr .... Votre fils eft blanc,
» mais il eft maigre , le malheureux a tant fouffert ! il n'eft pas
» poffible qu'il vive, n'importe, je l'aime ».

Neuvieme piece, *idem.* « Ne perds jamais de vue cet enfant
» que j'aurai porté & qui t'appartient ».

Dixieme de la même liaffe. « Venez voir votre femme &
» votre enfant ; il treffaille dans mon fein, quand il voit le plus
» joli papa & le plus aimable de tous les hommes ».

Onzieme piece de la même liaffe. «Je fuis dans le dix-huitieme
» jour d'une fievre putride, qui m'a prife le même jour que ma
» couche. Delifle t'enverroit ton portrait & tes lettres fi je
» mourois .... Tu ferois malheureux de me perdre ; qui pour-
» roit remplacer l'amour que j'ai pour toi? .... Je vis, & ton
» enfant a encore un fouffle de vie ; pauvre malheureux ! il a
» été miférable tant que je l'ai porté ; il fera beau comme l'amour
» qui l'a fait naître, s'il vit ; mais il mourra, & a trop fouffert de
» ton abfence. La frayeur que me donnerent tes lettres où tu ne
» trouvois pas d'argent, a fait répandre le lait dans mon corps ».

Dixieme piece de la troifieme liaffe, mêmes fcellés , chez la
veuve Leroy. « Votre petit vous fouhaite le bon jour , il vous
» prie de n'être pas le papa de tout le monde ».

Trente-huitieme piece de la huitieme liaffe *idem.* « Vous ne
» me demandez point des nouvelles de ce que j'ai à vous. Je
» croyois lui donner le jour famedi paffé, depuis ce moment je
» fuis dans les petites douleurs ».

Il y a plufieurs lettres ; mais celles ci-deffus extraites fuffifent
pour prouver invinciblement la paffion d'elle Répondante pour
le fieur Vedel, & qui a été pouffée jufqu'au délire ; & le fait
qu'elle eft accouchée, & que l'enfant a vécu.

Il réfulte encore de la vingt-troifieme piece de la feconde
liaffe du Commiffaire de Graville chez la veuve Leroy, qu'elle

H

faifoit accroire au fieur Vedel que M. de Richelieu croyoit être
le pere de l'enfant, & qu'elle Répondante prefſoit en conféquence M. de Richelieu de frayer aux dépenſes.

« J'ai écrit au Maréchal, dit-elle dans cette lettre, d'écrire à
» Pechot que je fuis dans l'excès de la mifere .... » ; que j'étois
» en état de recevoir cet argent tant promis, fur lequel j'ai
» compté & agi en conféquence ; que j'ai trois perſonnes de plus
» à nourrir & à payer, le petit, la nourrice, &c. ».

Cette huitieme deuxieme liaſſe, *idem.* « Vois ce petit ; je te
» trouve indifférent : tu ne l'aimes pas ; il eſt bien à toi, je te
» jure ». L'aurois-je porté, s'il n'étoit de mon Major ? Dis-moi
» comment tu le trouveras ».

Sommée de répondre à tout ce que deſſus ?

A dit, qu'elle convient avoir écrit toutes les folies & extra-
vagances ci-deſſus citées, & nombre d'autres, tant à M. le
Maréchal, qu'au fieur Vedel ; *au fieur Vedel pour fe rendre intéreſſante & s'en faire aimer ; à M. le Maréchal, pour avoir de l'argent :* mais que dans le fait elle jure qu'elle n'eſt point accouchée,
& le prouvera dans dix jours au plus, par de bons certificats.

35.   Lui avons obfervé, que voilà de ſa part un aveu poſitif qu'elle
a cherché à attraper M. de Richelieu pour avoir de lui de l'argent, deſſein qui n'eſt rien moins qu'honnête ; & que d'un
autre côté elle cherchoit à fe rendre intéreſſante vis-à-vis du
fieur Vedel, lequel fieur Vedel paroît, d'après cette correfpondance, avoir toujours eu des befoins d'argent, & befoins
très-preſſans ; que d'après tout cela, nous avons tout lieu de
croire qu'elle a machiné toute l'intrigue fur ce pied : que dans
le fait le Maréchal n'a jamais entendu de ſa part parler ni de
groſſeſſe, ni d'enfant ; ne lui a jamais donné ni envoyé aucun
billet, mais qu'elle Répondante, pour perpétuer la paſſion du
fieur Vedel par l'intérêt, a contrefait ou fait contrefaire les
billets du Maréchal, & les lettres relatives auxdits billets & à
l'accouchement. Sommée de nous développer toute cette trame :
& lui obfervons, qu'il eſt d'autant plus intéreſſant pour elle de
le faire, que les faits précédents, deſquels elle a été obligée de
convenir, fuffifent dès-à-préfent pour la couvrir de confufion,
& que fes dénégations maintiennent dans l'embarras le fieur de
Vedel, le fieur Abbé de Villeneuve fon neveu, & tous fes

autres coaccufés, qui *par la participation qu'ils ont eu à la négo-ciation des billets dont eft queftion, à la diffamation réfultante des prétendues lettres, & au profit que quelques-uns d'eux ont tiré, paroîtront juftement fufpects,* jufqu'à ce que l'on voie abfolument clair dans cette affaire?

A dit, que M. le Maréchal de Richelieu lui a donné ces billets, qu'elle le jure en fon ame & confcience, & que ce fera lui qui rendra compte à Dieu des maux qu'il fait fouffrir au fieur Vedel, à l'Abbé de Villeneuve & autres; que les motifs qu'elle a propofés au Maréchal pour exciter fa générofité & fes libé-ralités, ont été, qu'elle ne pouvoit pas, étant brouillée avec fon mari, vivre fans argent ni fecours; qu'elle ne pouvoit pas courir de Province en Province; enfin fa groffeffe: ne fe fou-vient pas fi elle lui a dit qu'elle fût accouchée.

36. A elle remontré; que fi les libéralités ont exifté, le motif le plus déterminant a été certainement la groffeffe & la naiffance prétendue de l'enfant, & que c'eft en effet celui dont fe font fervis, foit auprès des Magiftrats, foit à la Cour même, les perfonnes qui fe font intéreffées à fon affaire; que ces perfonnes ont même produit des lettres relatives à ce prétendu enfant.

Que nous venons de lui en citer une, de laquelle elle a en-voyé copie au Major, & dans laquelle il eft queftion de l'en-fant; que d'après ces circonftances, s'il étoit vrai qu'elle fût venue à bout de perfuader au Maréchal, & fa groffeffe, & la naiffance de l'enfant, & que d'après cette perfuafion, le Maré-chal lui eût fait des libéralités de 400,000 livres, elle Répon- ADVERTATUR.dante, ou les perfonnes qui la confeillent, n'auroient pas man-qué de produire toutes les lettres du Maréchal, relatives à cette groffeffe, & qu'alors, fi d'après la vérification d'écriture, les lettres & les billets fe fuffent trouvés vrais, il feroit demeuré pour conftant (non pas que le Maréchal dût 400,000 livres, puif-que fon allégation ne feroit fondée que fur un menfonge d'elle Répondante), mais qu'il lui auroit fait des billets pour 425,000 livres: or, quelques efforts qu'on ait faits, *il n'a pas été poffible de faire dépofer une feule des lettres du Maréchal relatives à cette groffeffe,* foit à cette prétendue naiffance d'enfant: d'où nous avons droit de conclure, que les lettres dont eft queftion, & les billets, par fuite, font contrefaits.

H ij

A dit, que M. le Maréchal cherche à la faire trouver coupable du côté de l'honneur, fachant bien qu'il lui fera impoffible de prouver qu'elle a manqué de probité, puifqu'il a figné les billets, & qu'il a écrit toutes les lettres dont il eft queftion ; que toutes les lettres qu'elle a déclaré avoir reçues de M. le Maréchal, elle les a reçues de lui, foit par fon laquais nommé Saint-Jean, qui eft venu quelquefois deux fois le jour chez elle, & dont elle donnera trente perfonnes de témoins pour le prouver ; qu'elle a donné toutes ces lettres, & on n'a produit que celles que l'on a jugé néceffaires. Ignore ce que l'on a fait des autres.

37.   Quel eft le fecret important à M. de Richelieu, dont le fieur Vedel étoit porteur ? & pourquoi le Maréchal, dans fes prétendues lettres, le qualifie-t-il de *tiers* ? & lui obfervons, que dans la trente-neuvieme piece de la huitieme liaffe, qui eft copie par elle envoyée au fieur Vedel d'une lettre prétendue du Maréchal, le Maréchal s'exprime en ces termes : » Je n'ai point vu » Vedel, je ne fais trop que lui dire, fa préfence m'embarraffe ; » empêchez donc qu'il me parle de toutes les affaires qui lui » ont paffé par les mains, par complaifance pour vous ; cepen- » dant il faut agir avec confiance, il feroit dangereux fi vous la » donniez à d'autres, &c. ». De deux chofes l'une, *ou elle a réellement reçu cette lettre du Maréchal, dont elle a envoyé copie au fieur Vedel, & en ce cas, elle eft en état de répondre à notre queftion, & de déclarer quelles affaires importantes fe font paffées entre elle Répondante, le fieur Vedel & le Maréchal ; ou elle n'a pas reçu lefdites lettres ; & en ce cas, elle eft convaincue d'avoir fuppofé vis-à-vis de Vedel, une lettre prétendue par elle reçue du Maréchal, & même d'avoir fait contrefaire cette contre-lettre, nous ayant avoué ci-deffus que le fieur Vedel voyoit tous les originaux des lettres du Maréchal.*

A dit, qu'elle demande elle-même que M. le Maréchal explique ce qu'il a voulu dire dans fes lettres ; & que, puifqu'il dit tant de chofes qui ne font pas vraies, il dife une fois la vérité dans l'explication de fes lettres ; qu'elle n'a jamais dit qu'elle eût reçu des lettres du Maréchal, qu'elle n'eût reçues effectivement ; & que le fieur Vedel alloit fouvent les retirer de la Pofte à Poitiers, ou du Courier, les apportoit & les ouvroit en la place de la Répondante, & qu'elle n'a pas plus trompé le fieur Vedel que tout autre ; qu'il lui auroit été impoffible de tromper le fieur Vedel, d'après toutes les précautions qu'il prenoit.

38. A elle remontré, qu'elle ne répond point à notre queftion qui eft décifive ; & que fur cette queftion, comme fur toutes les autres, fon procès lui fera fait & parfait comme à une muette volontaire, d'après les trois fommations ci-deffus faites.

A dit, *qu'elle ne veut rien répondre de plus.*

39. Quelle raifon a pu déterminer M. de Richelieu à donner au fieur Vedel, qualifié toujours de *tiers*, l'un des billets de foixante mille livres par lui prétendu envoyé à elle, fuivant l'expreffion de la lettre d'envoi : " Vous payerez vos dettes avec » l'un, & vous donnerez l'autre à votre *tiers*; " & quel étoit ce » *tiers*, fi ce n'étoit le fieur Vedel »?

A dit, qu'elle demande elle-même au Maréchal quel étoit ce *tiers*, & pourquoi il donne un billet de 60,000 livres?

40. Lui avons repréfenté une fois pour toutes & pour la derniere fois, que fur toutes les queftions auxquelles elle ne répondra pas, fon procès lui fera fait comme à une muette volontaire.

A dit, *qu'elle ne veut rien dire de plus.*

41. A-t-elle eu des liaifons avec des perfonnes attachées au fervice de M. le Maréchal?

A dit, qu'elle n'a point eu de liaifons particulieres avec les perfonnes attachées au fervice de M. le Maréchal; mais qu'il lui eft arrivé quelquefois, faute d'avoir reçu des réponfes du Maréchal auffi-tôt qu'elle les defiroit, d'adreffer les mêmes lettres à deux ou trois de fes Secrétaires ; favoir, deux ou trois lettres au fieur Leluré, deux ou trois au fieur Doumain, dont elle ne favoit que le nom, du tems qu'elle étoit à Poitiers, & une ou deux au fieur Subbe.

42. A-t-elle eu pendant fon féjour à Poitiers une correfpondance avec le fieur *Peixoto* dit Pechot, banquier de Bordeaux?

A dit, qu'elle ne lui a écrit que deux fois, une fois pour le prier de lui prêter cinquante louis qu'il lui refufa ; elle étoit alors à Poitiers il y a dix-huit ou vingt mois ; fur la fin de fon féjour à Poitiers une feconde fois, croit que fa lettre étoit pour le même objet d'emprunter cinquante louis.

43. Sommée de dire précisément les dates de ces deux lettres par elle écrites au sieur Pechot, & si elle ne lui a écrit que deux fois?

A dit, qu'elle ne se rappelle pas les dates précises des deux lettres de Poitiers, croit lui avoir écrit une fois depuis son arrivée à Paris, pour le prier de lui prêter aussi quelques sommes, à quoi il répondit que *si le Maréchal lui en donnoit l'ordre, il le feroit.*

44. Quelle somme demandoit-elle à Pechot dans la lettre par elle écrite de Paris?

A dit, qu'elle ne lui a pas demandé une somme fixe; qu'elle lui a seulement écrit qu'elle étoit dans le besoin, & qu'il lui envoyât quelque argent.

45. Si Pechot a jamais dû se rendre à Poitiers pour elle? lui a-t-elle jamais écrit à l'occasion de ce voyage? l'a-t-il chargée de lui louer une chambre garnie?

A dit que le Maréchal a écrit dans plusieurs lettres à elle Répondante que Pechot se rendroit à Poitiers pour lui compter de l'argent; que d'après cela *Vedel* à qui elle montroit ces lettres du Maréchal, *la pressoit* d'écrire à Péchot de hâter son voyage; *qu'elle faisoit accroire à Vedel qu'elle écrivoit à Pechot, ce qu'elle ne faisoit pas,* & ne lui a écrit que les deux lettres ci-dessus.

46. A elle remontré que dans les lettres trouvées sous le scellé chez la veuve Leroy, lettres d'elle Répondante au sieur Vedel, il y en a un nombre considérable dans lesquelles elle fait accroire à Vedel que Pechot va arriver, qu'il a mission de lui compter tantôt 200,000 livres, tantôt 250,000 livres, tantôt 300,000 livres; qu'elle va même jusqu'à marquer au sieur Vedel que Pechot l'a chargée de lui chercher une chambre. Sommée de convenir que toutes ces lettres d'elle au sieur Vedel, indiquent & tendent à faire croire au sieur Vedel une correspondance suivie, & soutenue long-tems entre elle & le sieur Pechot, relative à des sommes considérables que Pechot devoit lui apporter de la part du Maréchal; & faute par elle de convenir de ce fait, lui allons détailler toutes les lettres y relatives.

A dit, qu'elle n'a pas besoin qu'on lui représente lesdites lettres: *& convient que par nombre de lettres elle a cherché à faire accroire au sieur Vedel qu'elle étoit en relation avec Pechot, relativement à* *l'argent que le Maréchal lui promettoit, & qu'elle faisoit acroire à Vedel que Pechot alloit arriver, mais que la vérité est qu'elle n'a écrit que les trois lettres ci-dessus dites à Pechot, & qu'à la fin Vedel le sut & le lui fit avouer.*

47. A elle remontré que la voilà convaincue d'avoir supposé vis-à-vis de Vedel, nombre de lettres de Pechot; que même nous avons lieu de croire qu'elle présentoit à Vedel des lettres prétendues écrites par Pechot, puisque, suivant elle, Vedel vouloit tout voir par ses yeux; que dès-là nous avons grandement lieu de croire que les lettres & les billets prétendus du Maréchal sont faux ou contrefaits.

A dit qu'elle jure que non, que c'est le Maréchal qui lui a écrit & envoyé les lettres, & donné les billets, qu'il n'y a rien à cet égard de contrefait: *convient au surplus qu'elle présentoit à Vedel des lettres comme écrites par Pechot, qu'elle faisoit écrire par des pensionnaires, ou autres personnes, mais qu'à la fin Vedel s'en est apperçu, parcequ'il n'y avoit point de dessus ni de signé :* & depuis nous a dit qu'elle ne se souvient pas précisément de tout ce tripotage, mais croit que les choses se sont passées comme elle vient de nous le dire.

48. A elle remontré que si toutes les lettres du Maréchal par elle prétendues reçues à Poitiers, dans lesquelles le Maréchal lui promettoit des sommes considérables, & indiquoit Pechot comme porteur de ces sommes eussent été vraies, qu'elle Répondante les eût cru telles, comme elle cherchoit à le faire croire à Vedel, elle n'auroit pas manqué en effet d'en écrire au sieur Pechot, parceque si elle eût été persuadée que le Maréchal voulût lui donner de l'argent, & singuliérement des sommes déterminées sur Pechot, elle auroit pour sa propre satisfaction fait vérifier le fait; que dès qu'elle ne l'a pas fait, il s'ensuit qu'elle étoit elle-même convaincue que le Maréchal ne lui écrivoit point, & qu'elle a fait fabriquer les prétendues lettres du Maréchal qu'elle montroit à Vedel; lui observons que ce raisonnement acquiert plus de force, si l'on fait attention que sur la fin de son séjour à Poitiers, c'est-à-dire, dans un tems où suivant elle, elle avoit reçu nombre de lettres du Maréchal, portant promesses d'argent, & d'argent qui devoit être incessamment porté par Pechot, elle écrit à Pechot pour le prier

de lui prêter 50 louis, fur un premier refus de Pechot, infifté par une feconde lettre, lui écrit une troifieme lettre peu après fon arrivée à Paris, pour lui demander quelqu'argent, & ne lui parle dans aucune de ces trois lettres, des promeffes du Maréchal : comment concevoir qu'une femme de fon état, voulant emprunter une fomme modique à un banquier, duquel elle eft perfuadée qu'elle va devenir créanciere d'une fomme confidérable de 2 ou 300,000 livres, ne lui parle point de cette créance, & ne demande pas plutôt à titre d'accompte qu'à titre d'emprunt? de ce raifonnement il paroît réfulter invinciblement qu'à cette époque elle ne croyoit point du tout aux libéralités du Maréchal, *& qu'elle préfentoit à Vedel des lettres fuppofées du Maréchal, comme elle lui préfentoit des lettres fuppofées du Pechot?*

A dit qu'elle n'a point écrit au fieur Pechot, quoique M. le Maréchal lui difoit qu'il devoit lui apporter de l'argent, *parce qu'elle ne vouloit pas fe compromettre en lui en demandant à ce titre.* Que de plus elle avoit appris qu'au lieu de s'arrêter à Poitiers, il étoit arrivé à Paris tout de fuite; qu'elle lui écrivit à Paris de lui envoyer cinquante louis, *imaginant que fi M. le Maréchal lui avoit effectivement parlé de quelque chofe, il ne lui feroit difficulté de lui envoyer 50 louis.* Que de plus quand elle eft elle-même venue à Paris, elle s'eft adreffée à lui, *mais n'avoit pas encore de billets de M. le Maréchal;* qu'elle n'a point contrefait ni fait contrefaire des lettres de M. le Maréchal; que le fieur Vedel les a lues toutes, les alloit fouvent retirer luimême de la Pofte ou du Courier, ainfi qu'elle l'a dit.

49. Sommée de déclarer le nom des penfionnaires de fon Couvent de Poitiers, & autres perfonnes qui ont écrit pour elle les fauffes lettres de Pechot, qu'elle faifoit voir à Vedel; & lui obfervons qu'il n'eft pas poffible qu'elle ignore les noms de ces perfonnes.

A dit, *qu'elle ne s'en fouvient pas & qu'elle le jure.*

50. Quand elle a reçu le premier mandat de 100 mille écus qu'elle prétend avoir reçu & être en entier de l'écriture de M. le Maréchal, fommée de nous indiquer le jour précifément, & comment les chofes fe font paffées entre elle & M. le Maréchal?

A dit, qu'elle croit que c'eft *le 17 ou le 25 Avril,* que les chofes fe font paffées dans la chambre d'elle Répondante; où

le

le Maréchal étoit venu la voir, qu'elle lui dit : *mon coufin je n'ai pas le fou : je fuis pauvre comme une miférable ; je ne puis pas emprunter, parce que je fuis en puiffance de mari : donnez-moi quelque chofe, pour que je puiffe emprunter, avec affurance de rendre ;* que fur cela le Maréchal lui fit ce billet de CENT MILLE écus, qu'il fit fort mal fur fa toilette, & que ce billet ne figni-fioit rien.

51.   Quand elle a reçu le deuxieme billet de 100 mille écus ?

A dit à la *fin de Mai*, ou *au commencement de Juin* 1773.

52.   Si le fieur Vedel a jamais vu le Maréchal : s'il a été témoin auriculaire des promeffes à elle faites par le Maréchal ; & s'il a été le confident des promeffes d'argent, ou de quelque autre fecret, pour raifon de quoi il fût en tiers entr'elle & le Maré-chal ?

A dit, *que le fieur Vedel ne s'eft jamais trouvé en même-tems qu'elle avec M. le Maréchal ;* mais qu'elle croit que le fieur Vedel, par la méfiance qu'il avoit d'elle Répondante, a écouté une fois à la porte l'entretien qui s'eft tenu entr'elle & le Ma-réchal.

53.   S'il n'y a pas eu un des deux mandats de cent mille écus ac-cepté par Pechot ?

A dit que non, qu'il n'y a eu aucun mandat de préfenté au fieur Pechot, & qu'il ait accepté.

54.   A elle remontré qu'elle en impofe, qu'il y a eu un mandat de 100 mille écus figné du Maréchal de Richelieu, fur lequel il y avoit d'une autre écriture, ces deux mots : *accepté Peixoto ;* que nous avons de ce fait la preuve la plus pofitive ; fommée de s'expliquer ?

A dit, qu'elle fait qu'on a fait fur le mandat de M. le Maréchal *un barbouillage qui gâtoit le billet, qui fut effacé tout de fuite,* & le billet a été déchiré, lorfque M. le Maréchal a envoyé au mois de Novembre un nouveau billet de 100 mille écus.

55.   Sommée de nous dire qui eft-ce qui a fait *le barbouillage* fur le billet dont eft queftion ?

A dit, *qu'elle n'en fait rien.*

56.   Si les deux premiers mandats de cent mille écus n'ont pas été tous les deux acceptés du fieur Pechot ; fommée de nous dire qui a fait l'acceptation Pechot ?

A dit, qu'elle n'a *vu qu'un billet où il y eût du barbouillage,* & protelle qu'elle ne le rappelle pas *par qui il a été fait.*

57.   A elle remontré qu'elle en impofe groffiérement, que les deux premiers mandats de cent mille écus ont été acceptés par Pechot. C'eft-à-dire qu'on a contrefait les mots: *accepté Peixoto* (Pechot) fur les deux billets.

Que ce n'eft point, comme elle le dit, un barbouillage, un enfantillage, mots infiniment déplacés dans une affaire de cette nature: que nous avons *la preuve pofitive qu'elle Répondante a voulu tirer parti de cette fauffe acceptation Peixoto* (Pechot), ainfi que du billet; que d'abord elle Répondante a dépofé le premier mandat de cent mille écus, fur lequel étoit l'acceptation de Pechot, entre les mains d'une perfonne digne de foi : qu'elle envoya enfuite à cette même perfonne un fecond mandat de pareille fomme, auffi accepté Pechot, en la priant de lui faire trouver fur ledit billet 24,000 liv. : que cette perfonne pour trouver cet argent, remit le billet à un tiers qui en donna la reconnoiffance; laquelle reconnoiffance fut remife à elle Répondante; que ce tiers s'adreffa à un Banquier à Paris, Correfpondant de Pechot; lequel Banquier reconnut au premier coup d'œil, & fit voir à cette perfonne la fauffeté de la fignature Pechot, en lui difant qu'il ne pouvoit pas s'expliquer fur la fignature du Maréchal qu'il ne connoiffoit pas : que d'après cette découverte, ce tiers vint faire à la Répondante les reproches les plus vifs, & retira fa reconnoiffance : que de-là il réfulte évidemment qu'elle a contrefait ou fait contrefaire la fignature Pechot : qu'elle a voulu tirer parti de cette contrefaction, demandant 24,000 liv. à compte fur un defdits billets de 100 mille écus : ce n'eft pas là un enfantillage, *fi elle a contrefait les lettres de Pechot pour les montrer à Vedel, fi elle a contrefait la fignature de Pechot pour en tirer de l'argent ; il réfulte une préfomption néceffaire & qui vaut une preuve, qu'elle a également contrefait, ou fait contrefaire les lettres du Maréchal ;* fommée de s'expliquer fur ce que deffus, & de nous donner les noms des perfonnes qui ont contrefait le nom du fieur Pechot?

A dit, que la Dame de Saint Jean lui demanda les billets du Maréchal, & en les lui montrant elle dit : s'il y avoit là, *accepté Pechot,* ils feroient bons ; qu'elle Répondante répéta le propos de ladite Dame de Saint-Jean devant du monde, chez elle, qu'elle ne se rappelle pas ; que ces personnes dirent, *apparemment elle veut tirer de l'argent de ces billets, & vous tromper* ; que c'est alors qu'on fit les *barbouillages*, ACCEPTÉ PECHOT ; mais que cela fut effacé *dès l'instant qu'elle Répondante* apprit que ladite Dame de Saint-Jean avoit fait voir un desdits billets, parce que l'intention d'elle Répondante n'étoit pas que ledit billet fût montré , ni d'avoir aucun argent dessus : qu'au surplus, ces billets étant déchirés, on n'a plus rien à desirer à cet égard.

58.   A elle remontré qu'il suit toujours de ce que dessus, *qu'elle a contrefait ou fait contrefaire des signatures & des lettres ; que cette circonstance jointe à l'enfant supposé, provenant des œuvres du Maréchal, aux lettres relatives à cet enfant, qu'elle se garde bien de montrer, au peu de vraisemblance qu'il y a, & à tout l'ensemble du procès, démontre qu'elle a falsifié ou fait falsifier la signature du Maréchal;* sommée encore une fois de déclaret *les noms des personnes* qui ont écrit les lettres attribuées à Pechot , & les acceptations & signatures Pechot étant sur les billets dont a été parlé ci-dessus; & lui observons que le propos qu'elle dit avoir tenu au Maréchal, lorsqu'il lui souscrivit le premier billet de 300,000 liv. dans son Couvent à Paris, ne s'accorde point du tout avec le langage qu'auroit dû tenir une femme à laquelle il auroit promis depuis long-tems une somme de 100 mille écus ; que d'après les discours d'elle Répondante, le Maréchal lui auroit plutôt donné douze louis qu'un billet de 100 mille écus qui ne pouvoit lui être d'aucune utilité ?

A dit, qu'elle ne *se ressouvient point du tout des noms des personnes que nous lui demandons* : proteste que le Maréchal a réellement écrit ces lettres, & souscrit les billets en question.

Ce fait, avons continué le présent interrogatoire au premier jour.

Lecture , &c. *Signé,* VENCE DE SAINT-VINCENT & BACHOIS.

Du 27 Octobre 1774.

Sommes encore transportés en la prison du Grand-Châtelet, assisté dudit Commis-Greffier , attendu l'état de maladie de la dame de Saint-Vincent, que nous avons trouvée *gissante dans fon lit*, en la chambre dite de l'Ecu, laquelle, après ferment, &c.

59. Interrogée quel eft le nom du Procureur de Poitiers, chez qui, fuivant elle, M. le Maréchal avoit mis en dépôt 45,000 liv. à l'effet de les lui donner ? & lui obfervons qu'on a trouvé fous les fcellés du Commiffaire de Graville, chez la veuve Leroi, *copie tranfcrite par le fieur Vedel*, d'une lettre du Maréchal à elle adref-fée, où le Maréchal lui marque, « Pechot s'y rendroit avec les » 100,000 écus dont je l'ai chargé, *cela vous mettroit à votre* » *aife pour un tems*. Il doit retirer les 45,000 liv. qui font chez » le Procureur ; je lui ai déja écrit, afin qu'il les donne à fon » arrivée ».

Par une autre lettre, trouvée fous les mêmes fcellés, cotte 44, 3ᵉ liaffe, elle Répondante écrit au fieur Vedel. « Si Pechot » ne vient pas, *nous nous ferons donner nos 45,000 liv., repofe* » *là-deffus* ». De-là deux conféquences : 1°. *Le Maréchal lui avoit écrit qu'il y avoit un Procureur à Poitiers chargé de lui compter 45,000 liv. ; elle doit donc produire cette lettre. 2°. Elle favoit le nom de ce Procureur, puifqu'elle écrivoit à Vedel qu'elle prendroit ces 45,000 liv., & qu'il pouvoit repofer là-def-fus : elle doit donc dire le nom de ce Procureur, ou faute par elle de s'expliquer fur ces deux objets, on fera en droit d'en conclure que la lettre prétendue du Maréchal énonciative de ces 45,000 liv. eft fuppofée, ainfi que l'hiftoire de ces 45,000 liv. ; & que le tout a été par elle imaginé & fabriqué pour en impofer à Vedel.*

A dit, qu'elle eft fort furprife que M. le Maréchal lui faffe demander raifon de toutes les lettres qu'il lui a écrites, & de tou-tes ces rapfodies, dont ces lettres étoient remplies : qu'elle n'a point envoyé de copies de lettres audit fieur Vedel qu'elle n'en ait eu les originaux, & qu'elle a reçu celle dont eft queftion, qu'il en exifte une copie faite par le fieur Vedel, & *qu'elle n'en dira pas davantage.*

60. A elle remontré *qu'elle élude la queftion ;* qu'elle doit produire la lettre du Maréchal, ou indiquer qui la poffede ; & d'un autre côté, déclarer le nom du Procureur, chez lequel étoient ces 45,000 livres, qu'elle connoiffoit fûrement, puifqu'elle écrit au fieur Vedel de repofer là-deffus ?

A dit, *qu'elle n'en veut pas dire davantage, & qu'elle ne ré-pondra qu'aux queftions où on lui parlera des billets.*

61. M. le Maréchal lui devoit-il donner les 100,000 écus de fa poche, ou les tiroit-il de quelqu'un qui lui dût cette fomme ? avoit-il fait quelques affaires avec Pechot, qui mît Pechot à même de payer cette fomme pour lui, fans la lui redemander?

A dit, *qu'elle n'a rien à répondre*, fi ce n'eft fur les billets de M. le Maréchal qui font au Greffe.

62. Lui avons repréfenté la fixieme piece de la deuxieme liaffe du paquet cacheté, trouvé fous les fcellés du Commiffaire de Graville, chez la veuve Leroi ; c'eft une *copie écrite par Vedel*, d'une lettre prétendue du Maréchal à elle Répondante ; on y lit ces mots : « *j'ai craint que Pechot ne voulût pas fe réfoudre à* » *avancer ces 100,000 écus, fans une grace de cette valeur* » *que je lui avois promife ; je l'ai enfin obtenue, & je la lui* » *ferai paffer par ce courier* » ; fommée de déclarer fi elle a reçu cette lettre, & audit cas de la produire ?

A dit qu'elle a reçu ladite lettre, *ne fait qui la poffede, & n'a rien à répondre*, fi ce n'eft que les lettres & les billets de M. le Maréchal font vrais.

63. Comment, étant munie d'un premier billet de 100,000 écus, du Maréchal, elle en a demandé un fecond du Maréchal de pareille fomme, fans l'avoir montré à Pechot, & favoir s'il le payeroit ?

A dit qu'elle avoit d'abord projetté *de faire protefter fur Pe- chot le premier billet de 100,000 écus* du Maréchal ; mais qu'on lui a dit que cela fàcheroit M. le Maréchal, & qu'il valoit mieux avoir des billets de lui qui euffent une valeur durable.

64. A-t-elle jamais parlé ou écrit à Pechot de cette fomme de cent mille écus ? Et comment a-t-elle pu écrire au fieur Vedel qu'elle n'avoit pas ofé offrir à Pechot, de lui payer fon voyage de Poitiers, parce qu'il faifoit le Seigneur ?

A dit qu'*elle n'a jamais parlé ni écrit à Pechot, des 100 mille écus, & ne fait pourquoi, au furplus, elle a écrit cela à Vedel, & n'a rien à répondre à cela, ne fe fouvenant de rien à cet égard.*

65. Quelle chofe le fieur Vedel favoit-il relativement à M. le Maréchal, qu'il dût paroître vis-à-vis de lui avoir oubliée, ainfi qu'il eft queftion dans la lettre par elle écrite à Vedel, dans la- quelle fe trouve la copie d'une lettre du Maréchal, cottée 39 de

la huitieme liaſſe des ſcellés du Commiſſaire Chenon, chez la
veuve Leroy?

A dit qu'elle n'en ſait rien, n'a rien à répondre là-deſſus.

66.   Lui obſervons que par la ſeptieme piece de la quatrieme liaſſe
des mêmes ſcellés du Commiſſaire Chenon, chez la veuve Leroy, elle écrit au ſieur Vedel : « Soyez tranquille ſur notre in-
» trigue : elle n'eſt connue de perſonne ; vous verrez que le
» Maréchal vous aime toujours ». *Comment le Maréchal pou-
voit-il aimer Vedel, qu'il n'avoit vu que deux fois à Poitiers
en maiſon tierce ?*

A dit qu'*il ſuffiſoit que le Maréchal ait vu le ſieur Vedel
une fois pour l'aimer.* Et qu'elle n'a rien à répondre à tout ce
que lui fait demander le Maréchal.

67.   Interrogée ſi Vedel étoit dépoſitaire de quelques ſecrets du
Maréchal, relatifs à elle : & lui obſervons que dans ſon premier interrogatoire, elle nous a dit que le Maréchal étoit ex-
cédé des ſollicitations d'elle Répondante en faveur du ſieur Ve-
dèl, & qu'il ne vouloit plus en entendre parler ; ſommée de dire
quel étoit ce ſecret, & comment elle peut concilier cette indif-
férence du Maréchal pour l'avancement de Vedel, avec l'avantage qu'avoit Vedel de tenir le ſecret ?

A dit que ces deux contradictions reſſemblent aſſez au caractere de M. le Maréchal, qu'il lui ſeroit bien difficile de dé-
peindre ; & puiſque dans un tems il lui a fait des billets, & que
maintenant il les nie ; n'a pas autre choſe à répondre.

68.   A-t-elle écrit à M. le Maréchal la lettre dont on a trouvé une
copie de la main du ſieur Vedel, laquelle eſt cottée 12 de la
troiſieme liaſſe du ſcellé du Commiſſaire de Graville, chez la
veuve Leroy ? Lui obſervons que cette lettre écrite d'un ton
fort indécent prouve le peu d'intérêt que le Maréchal prenoit
au ſieur Vedel ; ſommée de nous dire ſi elle a réellement écrit
la lettre ſuſdite, & ſi le ſieur Vedel lui a conſeillé d'écrire cette
lettre ?

A dit qu'elle n'a rien à dire là-deſſus.

69.   Sommée encore une fois de nous dire ſi dans les billets par elle
prétendus reçus du Maréchal, il n'y en avoit pas pour le ſieur
Vedel, & ſi ce n'eſt pas le ſieur Vedel qui eſt indiqué ſous le

nom de tiers dans la lettre d'envoi du billet de 100 mille écus &
des deux de 60,000 livres ?

A dit que le sieur Vedel n'a point reçu d'argent d'elle Répondante , ni de billets , & qu'elle n'est pas tenue d'expliquer les lettres de M. le Maréchal.

70.   Quel étoit le *tiers* dont le Maréchal lui parle dans cette lettre?

A dit que c'est à M. le Maréchal à dire quel est le *tiers* dont il a entendu parler , & qu'elle le somme de le nommer.

71.   Si elle Répondante ne nourrissoit pas habituellement le sieur Vedel , soit depuis qu'elle est à Paris , soit dans son voyage à Poitiers ? Si elle ne lui donnoit point d'argent & n'a pas payé plusieurs fois ses dettes ? Et lui avons représenté *la huitieme piece de la troisieme liasse , les sixieme & septieme de la quatrieme liasse des scellés du Commissaire Chenon , chez la veuve Leroy , la quarante-cinquieme de la troisieme liasse , les vingt-cinquieme & trente-cinquieme de la même liasse des scellés du Commissaire de Graville* , qui toutes prouvent qu'elle lui envoyoit *à diner & à souper* , & même *du bois pour se chauffer.*

A dit que pour répondre aux recherches que fait M. le Maréchal sur toutes les actions de la vie d'elle répondante , qui tendent à prouver la fausseté des billets , elle va faire des recherches sur la vie & les actions de M. le Maréchal , soit dans son Gouvernement , soit dans le Languedoc , pour trouver la preuve qu'il fait faire des billets & les nie ; & que c'est là tout ce qu'elle a à répondre.

72.   N'est-ce pas sa passion pour le sieur Vedel & l'envie de lui faire partager une fortune considérable , qu'elle ne pouvoit avoir d'aucun côté, qui l'a déterminée à faire ou à faire faire les lettres & billets du Maréchal? Et lui représentons que nous avons lieu de le croire ; d'après *les onzieme & treizieme pieces de la premiere liasse , les premiere & sixieme de la troisieme liasse , les quatrieme , cinquieme , sixieme & quinzieme de la quatrieme liasse des scellés trouvés sous les scellés du Commissaire Chenon , chez la veuve Leroy ; & les deuxieme , cinquieme & dix-neuvieme de la seconde liasse , ainsi que les neuvieme , dixieme , vingtieme & vingt-quatrieme de la troisieme liasse des scellés du Commissaire de Graville , idem* , toutes lesquelles pieces que nous lui avons représentées prouvent cette machination de sa part ?

A dit qu'elle a engagé le Maréchal à lui donner de l'argent d'abord ; voyant qu'il ne lui en donnoit point, elle l'a engagé à lui faire des billets pour pouvoir subsister sans le secours de M. de Saint-Vincent, & que si elle lui en a demandé, c'est qu'il lui en a offert le premier, & qu'elle étoit si flattée de sa protection, qu'elle s'est dérangée de plusieurs endroits par rapport à lui.

73.   Si elle n'étoit pas de concert avec le sieur Vedel, pour faire accroire au Maréchal que l'enfant dont elle étoit accouchée étoit de lui Maréchal, & sous ce prétexte lui soutirer de l'argent ? Lui observons que sans entrer dans de longs raisonnemens, qui deviennent superflus vis-à-vis d'elle, puisqu'elle n'y veut pas répondre, nous nous contenterons de lui faire remarquer que d'après l'ensemble du procès, & les réponses par elle faites ci-dessus, nous avons lieu de présumer que les billets du Maréchal & les lettres y relatives ont été contrefaites par elle ou par quelqu'autre, à sa sollicitation ; mais *qu'il reste un louche sur la question de savoir si le sieur Vedel a été participant de cette fraude : qu'à s'en rapporter au nombre considérable de lettres, nous avons lieu de présumer qu'elle trompoit aussi le sieur Vedel, en lui présentant des lettres prétendues, tant du Maréchal que de Pechot ; que d'un autre côté, il y a aussi plusieurs pieces qui paroissent constituer le sieur Vedel en mauvaise foi ?*

74.   Sommée de s'expliquer sur ce que dessus ?

A dit qu'elle jure en son ame & conscience que M. le Maréchal a signé les billets & écrit les lettres y relatives ; que le sieur Vedel est un très-honnête homme, incapable d'entrer dans un complot aussi abominable, & qu'il n'a pu être trompé lui-même, d'après les précautions qu'il a prises pour ne pas l'être ; que ces précautions de sa part font d'avoir mis lui-même les lettres d'elle Répondante, pour le Maréchal & à son adresse, à la poste ; d'en avoir retiré lui-même de la poste, avec les armes & les caracteres d'écriture de M. le Maréchal ; d'en avoir porté lui-même au Suisse de M. le Maréchal ; d'avoir décacheté des lettres qu'apportoit le laquais de M. le Maréchal, avant qu'elle Répondante les eût vues, & telles autres dont il pourra se souvenir & expliquer lui-même.

75.   Lui observons qu'en effet il paroît résulter de plusieurs lettres du sieur Vedel, qu'il doutoit lui-même de la véracité d'elle

Répondante

Répondante. Sommée de nous dire ce que fignifie cette lettre déchiquetée, dont elle parle dans fa lettre au fieur Vedel, *cottée 6 de la quatrieme liaſſe des fcellés du Commiſſaire Chenon :* elle y dit, » j'ai penfé mourir de frayeur en ne trouvant plus ce pa-» pier déchiqueté, je difois, ah vrai Dieu! le Major va dire » que j'ai menti ; je ne me fouvenois plus que je l'avois découpé » pour donner le nom au pere ».

A dit, que par fa foi, elle ne fait ce que c'eſt, & qu'elle le jure d'honneur.

75. Sommée de s'expliquer fur ces mots d'une autre lettre d'elle au fieur Vedel, cottée *feconde piece de la quatrieme liaſſe des fcel-lés du Commiſſaire Chenon.* « Je ne fais pourquoi vous me de-» mandez ma confiance; vous l'avez, mon Major, je ne vous » laiſſe ignorer que les fineſſes que mon amour m'a infpirées pour » vous fervir, mais je ne m'en fervirai plus ». Quelles étoient ces fineſſes dont elle avoit fait ufage pour fervir le fieur Vedel ?

A dit, qu'elle ne fe fouvient pas de ce qu'elle écrivoit dans ce tems-là.

76. Lui avons repréfenté *la premiere piece de la cinquieme liaſſe des fcellés appofés chez la veuve Leroy par le Commiſſaire de Graville, enfemble la deuxieme de la fixieme liaſſe des mémes fcellés :* la premiere de ces pieces eſt une lettre d'elle au fieur Ve-del ; on y lit ces mots : « Je vous envoye un petit morceau » d'une lettre du Maréchal ; fi vous pouvez lire deux lignes que » j'avois effacées, elles vous amuferont.... J'avois coupé ce » morceau de lettre un jour que je voulois vous le montrer, » avec de la mie de pain j'ai voulu ôter l'effaçure ».

La feconde eſt un fragment de lettre du Maréchal, c'eſt le bas d'une page ; on y voit deux lignes effacées, & c'eſt proba-blement le fragment envoyé avec la lettre ci-deſſus ; M. le Maréchal marque à elle Répondante « de ne s'embarraſſer de » rien, & de dire feulement *amen* à tout ce qu'il lui propofe; » j'efpere que vous ne vous en repentirez pas , continue le » Maréchal , car j'ai » ; à ces mots finiſſoit la page, ainfi que nous avons tout lieu de le préfumer , parce que cette derniere ligne eſt égale à celle de l'autre côté du folio du papier, & qu'il y a lieu de croire que le Maréchal n'écrivit pas plus bas fur le recto que fur le verfo du papier ; cependant d'après ces

K.

mots : *car j'ai ;* on trouve deux lignes effacées , de maniere cependant à laisser lire : *fait partir* 40,000 *francs , vous les recevrez.* On ne peut plus lire la feconde ligne.

D'après cette lettre, nous avons lieu de croire qu'elle a ajouté ces deux lignes , & mécontente du peu de reffemblance de l'écriture, les a effacées enfuite, de maniere cependant à laiffer lire, au Major Vedel, la promeffe d'argent ; & de-là deux conféquences : 1°. *Elle furchargeoit les lettres qu'elle recevoit du Maréchal, ou au moins les effaçoit, ainfi qu'elle en convient dans fa lettre, ce qui forme une préfomption très forte qu'elle en a falfifié.* 2° *Elle trompoit le fieur Vedel, & l'amufoit par des promeffes d'argent ;* elle le trompoit même affez groffierement ; car pourquoi, puifque le Major avoit toute fa confiance, recevoit, décachetoit & lifoit fes lettres avant elle, lui envoyoit-elle des lambeaux de lettres, plutôt que de lui envoyer la lettre en entier ; fommée de s'expliquer fur tout ce que deffus.

A dit, qu'il eft tout fimple que le Maréchal ait pû écrire plus bas fur une page de fes lettres que fur l'autre page ; ne fait pourquoi elle a effacé les deux lignes dont eft queftion , & qu'au furplus elle ne les a point falfifiées. Qu'elle a d'ailleurs tant d'autres preuves que M. le Maréchal lui a promis de l'argent , qu'elle n'avoit pas befoin de falfifier une ligne ou deux fur fes lettres pour le faire croire ; & que quand elle envoyoit des lambeaux de lettres au fieur Vedel, c'eft qu'elle vouloit qu'il ne lût que cela defdites lettres.

77. A elle remontré, que notre raifonnement eft de la derniere force, & qu'elle n'y répond point du tout, en telle forte qu'il refte dans fon entier.

A dit, qu'elle n'a rien autre chofe à répondre au raifonnement ci-deffus.

Lui avons repréfenté trois lettres, dont deux d'elle , & une de M. le Vicomte de Caftellane ; lefdites lettres à nous remifes par M. de Richelieu.

Sommée de les reconnoître & de les parapher ?

A dit , qu'elle reconnoît lefdites trois lettres ; fçavoir, l'une pour être de M. de Caftellane, & les deux autres d'elle Répondante , & ne veut point les parapher.

Au moyen de quoi lefdites lettres, au nombre de trois , n'ont été paraphées que de nous.

Lui obfervons, fur ces lettres, que celle de M. de Caftellane, datée du 26 Juillet 1773, porte entr'autres chofes, que *le mari d'elle Répondante lui laiffe le choix de fa demeure, à l'exception de la Provence; & l'a chargé, LUI VICOMTE DE CASTELLANE, de lui faire compter* 300 *liv. pour les frais du voyage.* (Nous remarquons que le mot 300 eft furchargé, & qu'on a voulu en apparence fubftituer 3000 livres; mais qu'il eft conftant que cette fomme eft 300 liv., parce qu'il en eft queftion dans le cours de la lettre;) elle Répondante a envoyé cette lettre à M. de Richelieu, avec une autre lettre d'elle non datée, mais dont la date eft conftamment *poftérieure au* 25 *Juillet* 1773, & elle lui marque: « Je fuis malade, & puis à peine vous rendre » mes actions de graces, vous me ferez le plus grand plaifir du » monde de me tirer de l'état où je fuis, &c. Prenez la peine, » s'il vous plaît, de lire la lettre du Vicomte de Caftellane: il » n'a pas eu d'argent. Je lui mande que j'ai pris la liberté de » m'adreffer à vous, à qui je n'aurai plus rien à demander, » que des lettres de recommandation à Bordeaux ».

Cette lettre prouve, que faute par M. de Caftellane de lui avoir fourni les 300 *liv. elle s'étoit adreffee au Maréchal, qui les lui a prêtées; or, à cette époque poftérieure au* 25 *Juillet* 1773, *elle avoit, fuivant fon hiftoire, tiré du Maréchal deux mandats fucceffifs de* 100 *mille écus;* comment eft-il poffible de concilier la lettre qu'elle lui écrit en Juillet, avec ces prétendus mandats?

A dit, que quoique M. le Maréchal lui eût donné des mandats alors, elle n'en avoit pas plus d'argent, & n'en étoit pas moins dans la mifere; & que ne pouvant faire ufage de fes mandats, il étoit tout fimple qu'elle s'adrefsât toujours à lui pour avoir de l'argent, mais qu'il ne lui en a point donné; que c'eft M. de Caftellane qui lui a donné les 300 livres dont eft queftion dans les lettres fufdites.

La troifieme lettre d'elle Répondante au Maréchal eft encore plus forte, & détruit l'hiftoire des 420,000 *liv. prétendues envoyées en des billets au mois de Décembre; elle eft fans date; mais on y parle d'aller à Verfailles pour les Fêtes, ce qui fe rapporte au mariage de M. le Comte d'Artois:* « Je vois bien, lui » écrit-elle, que pour avoir de vos nouvelles, il faut que je vous » écrive quelque chofe d'intéreffant; je prends la liberté de vous

» envoyer la lettre que j'écris à mon coufin, qui vous mettra au
» fait & vous prouvera où j'en fuis ; j'efpere que je ferai bientôt à
» même de fatisfaire à tout ce que je vous dois «. *Elle annonce
qu'elle va être à même de fatisfaire à ce qu'elle doit ;* elle étoit
donc alors débitrice du Maréchal, loin d'avoir pour 420,000 liv.
de billets de lui ; elle ne peut pas dire qu'elle entendoit parler
des 420,000 livres, puifque fon Coufin n'étoit pas en état de
lui fournir de quoi rembourfer 420,000 liv. ; fommée de s'en
expliquer ?

A dit, que M. le Maréchal ne lui avoit donné que des mandats, avec défenfe d'en vendre d'un an ; que jufques-là elle ne
lui devoit rien ; puifque d'ailleurs il ne lui a point donné d'argent, *fi ce n'eft quelques petites fommes qu'elle comptoit lui rendre, avec partie du produit de la vente d'un de fes billets, qu'elle
s'etoit déterminée de vendre fans qu'il le fçût.*

79.   A elle remontré, qu'il n'eft pas naturel que le Maréchal,
après lui avoir donné pour 420,000 livres de billets, ait exigé
d'elle le rembourfement de quelques louis donnés de la main à
la main ?

A dit, que le Maréchal ne l'exigeoit pas à la vérité, mais
qu'elle lui en parloit d'elle-même.

80.   Si elle n'a pas placé auprès de M. le Maréchal le nommé
Canron, frere du Médecin d'elle Répondante à Milhaut ?

A dit, que ce garçon étoit à Marfeille & s'étoit mal com-
porté ; que fon frere le Médecin demanda une lettre d'elle Répondante, pour intéreffer M. le Maréchal au fujet de ce jeune
homme, ce qu'elle fit ; & avec cette lettre, il s'eft préfenté
chez M. le Maréchal à Bordeaux ; M. le Maréchal écrivit en
réponfe à la Répondante, qu'à fa confidération il avoit retenu à
fon fervice le fieur Canron.

81.   Si elle n'a pas employé ce Canron auprès de Pechot, lorfqu'elle étoit à Poitiers, pour fe faire prêter les cinquante louis
qu'elle demandoit à Pechot ?

A dit qu'oui, & qu'elle a adreffé à Canron fa lettre à Pechot,
afin qu'il la lui remît.

82.   A-t-elle employé Canron à d'autres négociations envers
Pechot ?

A dit qu'elle croit ne l'avoir employé que pour l'emprunt de
cinquante louis fufdits.

8 3. Lui avons repréſenté la *premiere piece de la ſeconde liaſſe*, *trouvée ſous les ſcellés du Commiſſaire Chenon*, *che{ la veuve Leroy*; c'eſt une lettre d'elle au ſieur Vedel, elle y dit: « Canron » m'écrit que j'ai eu tort de parler des dettes que j'ai à Paris.... » qu'il falloit tout applanir juſqu'à ce que je fuſſe arrivée, qu'alors » il ne me manqueroit pas d'argent. Il eſt mon tenant chez Pe- » chot, qui d'abord fut ſurpris qu'il fût dans la confidence, il » lui cachoit mes affaires; mais enfin je lui ai envoyé ma lettre » par lui, & ils parlent tous les jours & m'attendent avec grande » impatience ».

8 4. D'après cette lettre, de deux choſes l'une ; *ou elle avoit des affaires importantes, que Canron traitoit avec Pechot, ou elle le faiſoit accroire au ſieur Vedel, & lui en impoſoit?*

A dit qu'elle ne ſe ſouvient point des raiſons qu'elle avoit dans ce tems-là, pour écrire ainſi qu'elle le faiſoit.

8 5. A elle remontré que ce n'eſt qu'une réticence de ſa part, & qu'il eſt impoſſible que les Juges ſe contentent de pareilles réponſes.

A dit qu'elle eſpere donner à ſes Juges de ſi bonnes réponſes ſur la vérité des billets de M. le Maréchal, qu'elle eſpere *qu'ils ne lui imputeront pas des lettres qu'elle a faites avec un homme avec lequel elle ſe croyoit en liberté d'écrire tout ce qui lui paſſoit dans la tête.*

8 6. A elle remontré que la même lettre fait entendre qu'elle avoit un projet arrêté de ſe procurer de l'argent à Paris, à quelque prix que ce fût : « Pour avoir les vingt louis, écrit-elle au ſieur » Vedel, il faut vendre ton cabriolet & ta tabatiere ; *le mois* » *prochain nous ne ſerons pas dans ces peines, huit jours après* » *mon arrivée, tu auras de l'argent. J'AURAI FAIT LE* » *TOUR DU MONDE POUR L'ATTRAPER, MILHAUT,* » *D'ABORD OU J'AI PENSÉ L'AVOIR, TARBES, POI-* » *TIERS, PARIS, C'ETOIT LE TERME DE NOS MAL-* » *HEURS, DANS LE SECRET DE NOS DESTINÉES ; IL* » *FAUT Y VENIR A CE POINT : ON TOURNE LONG-TEMPS* » *AVANT DE LE CONNOITRE* ».

8 7. Sommée de nous expliquer cette phraſe ?

A dit qu'elle n'a rien à répondre, & que les lettres de M. le Maréchal ſont vraies, ainſi que ſes billets.

Quel eſt l'homme d'affaires de M. le Maréchal , avec qui Canron a eu des liaiſons à Paris , pour les intérêts d'elle Répondante ?

A dit qu'elle ne ſe ſouvient plus de toutes ces affaires-là.

88.   A-t-elle eu des billets de M. le Maréchal avant le premier billet de 100 mille écus, qu'elle dit avoir reçu du Maréchal lui-même, peu de tems après ſon arrivée à Paris ?

A dit qu'elle a eu des lettres ou aſſurances de M. le Maréchal, ſignées par lui ; que ces aſſurances étoient en forme de billets , qu'elle les a montrées à pluſieurs perſonnes : mais qu'ils n'étoient pas bien conſtruits , & qu'elle n'en a point fait uſage.

89.   Pourquoi elle n'a point parlé de ces premiers billets juſqu'à préſent ?

A dit , parce qu'il n'en a pas encore été queſtion.

90.   De quelles ſommes étoient ces promeſſes , & quelles perſonnes les ont vues ?

A dit qu'elle en a eue de différentes ſommes , & les a fait voir, mais ne ſe rappelle pas à qui ; mais qu'une multitude de perſonnes les ont vues.

91.   Sommée de nommer une ou deux perſonnes de cette multitude , & de déclarer ſi elle les a préſentées à quelqu'un pour les négocier.

A dit qu'elle ne peut nommer aucunes perſonnes , ne s'en ſouvenant pas , mais ne croit pas avoir jamais imaginé de les négocier.

92.   Lui avons repréſenté la deuxieme piece de la deuxieme liaſſe des papiers trouvés ſous les ſcellés de la veuve Leroy , c'eſt une lettre d'elle au ſieur Vedel ; elle y dit: « Puiſque.... tu auras be-
» ſoin d'argent, il faut envoyer à l'hôtel du bien-aimé, rue Tic-
» tone, demander M. Canron, ſans autre nom , & lui préſenter
» mes deux billets ; je l'ai prévenu, & parce que le Maréchal eſt
» à Verſailles, je lui dis que quand on lui aura préſenté le billet,
» il écrive tout de ſuite à l'homme d'affaires du Maréchal ; voilà
» ce que j'ai trouvé pour payer ton mois & ton voyage. Je ne
» t'enverrai la lettre de Pechot que quand il dira j'arrive : il
» s'imagine qu'il m'a vue à Bordeaux, & je le lui laiſſe croire ».

Sommée d'expliquer cette lettre ; & lui obſervons qu'il n'eſt pas poſſible qu'elle ſoit elle-même contente des réponſes qu'elle nous donne ; que voilà des preuves multipliées que nous lui fournissons *de menfonges & d'impoftures* ; & que fi elle ne tire point cela au clair, elle doit compter que la Juftice imputera contr'elle tout ce qui lui fera louche ?

A dit qu'elle n'a point d'autres réponfes à faire, fi ce n'eft que les billets & lettres de M. le Maréchal font vrais.

Ce fait, avons continué le préfent Interrogatoire au premier jour.

Lecture, a perfifté & figné. *Signé*, VENCE DE SAINT-VINCENT & BACHOIS.

Du 28 Septembre 1774.

Sommes de nouveau tranfportés en la prifon & chambre fufdite, où étant affiftés dudit Commis-Greffier ;

Eft comparue pardevant Nous la Dame de Saint-Vincent, giffante dans *fon lit*, fe difant toujours être incommodée de la fievre ; laquelle, après ferment, a dit fe nommer Julie de Vence de Villeneuve, &c.

94. Interrogée fi le fieur Vedel ne l'a point preffée, pendant qu'il étoit à Paris & elle à Poitiers, de lui faire connoître Canron & un autre homme, dont la connoiffance étoit importante pour leurs projets ?

A dit qu'elle n'a rien à répondre fur toutes les lettres d'elle au fieur Vedel, qui ne devoient point entrer dans ce procès, & protefte contre tout ce que lui fait demander M. le Maréchal au fujet defdites lettres.

95. Lui avons repréfenté *la vingtieme piece de la troifieme liaffe des fcelles du Commiffaire Chenon, chez la veuve Leroy*; c'eft une lettre d'elle au fieur Vedel : « J'attends une réponfe Lundi » ou Jeudi au plus tard, qui indiquera les mille écus que je te » ferai toucher tout de fuite, quand même l'echot arriveroit » alors ; & fi cette réponfe eft comme je l'attends, le Maréchal » même n'en faura rien, & cela feroit bon : je me fuis retournée » afin que s'il n'y avoit point de retard, le Maréchal ne pût pas » dire que j'aie l'air d'avoir envie de l'argent ; s'il y en avoit le » moindre, je n'aurois pas tort de vouloir faire payer des créan- » ciers qui crient après moi depuis fi long-tems, & je te ferai

” toucher alors tout ce dont tu auras befoin : *je t'enverrai donc*
” *l'adreffe de Canron & celle de celui que j'attends* ”.

Lui avons remontré que cette lettre parle d'*argent*, de *Pechot*, du *Maréchal*, de *Canron*, & a par conféquent directement trait à l'affaire actuelle ; fommée en conféquence d'expliquer cette lettre, & de nous dire entr'autres ce que c'eft que
cet homme autre que Canron qu'elle attendoit, & dont elle
devoit envoyer l'adreffe au fieur Vedel ; fommée auffi de déclarer comment elle eft parvenue à envoyer les mille écus au
fieur Vedel ?

A dit qu'elle ne peut expliquer la lettre, parce qu'elle ne
s'en fouvient pas ; protefte que le fieur Vedel n'a point reçu les
mille écus dont elle lui parle dans ladite lettre.

95
bis.
 Si elle n'a pas écrit plufieurs fois à Canron ou à d'autres perfonnes attachées à M. le Maréchal, *fous l'adreffe du Maréchal,
avec une feconde enveloppe à l'adreffe de celui pour qui étoient
ces lettres ; & fi ce n'eft pas là le moyen dont elle s'eft fervie long-
tems pour perfuader au fieur Vedel qu'elle écrivoit à M. le Maréchal des chofes que dans la vérité elle ne lui écrivoit point.*

 Et lui avons repréfenté *la trente-cinquieme piece de la troifieme liaffe des fcellés du Commiffaire de Graville, chez la veuve
Leroy* : c'eft une lettre d'elle au fieur Vedel : “ Si tu favois de
” quelle maniere j'ai inondé de larmes la lettre du Maréchal,
” combien j'étois touchée & pénétrée de ce que je lui difois. J'ai
” répété ton brouillard & le mien, mais j'ai refait la lettre en
” entier ; *fi je n'y mettois pas deux enveloppes, je te l'aurois*
” *fait lire ;* il n'eft pas poffible qu'il ne foit pas touché de ma
” fituation, à moins qu'il ne foit forcier, & qu'il ne devine que
” c'eft la tienne qui m'intéreffe & non la mienne ”.

Cette lettre *prouve que c'étoit fa paffion pour le fieur Vedel,
qui étoit la caufe de toutes fes manœuvres ;* 2°. *qu'elle mettoit
double enveloppe aux lettres de M. le Maréchal ;* qu'au moyen
de cette double enveloppe, elle fe difpenfoit de faire lire la lettre par le fieur Vedel : 3°. *qu'elle & le Major combinoient &
rédigeoient les lettres qu'ils devoient envoyer au Maréchal.*

Sommée de s'expliquer fur tout ce que deffus ?

A dit qu'elle a mis deux enveloppes à quelques lettres de
M. le Maréchal ; mettoit fur la premiere, à Monfeigneur, &c.

&

& fur la deuxieme, *à vous feul mon Maréchal* ; qu'elle n'a poin adreffé des paquets fous l'adreffe de M. le Maréchal, pour aucuns de fes gens ; qu'elle auroit eu lieu de craindre que M. le Maréchal en prît connoiffance, & jure qu'elle ne l'a jamais fait.

96. *Si elle ne fe chargeoit pas de faire les réponfes du fieur Vedel aux prétendues lettres de M. le Maréchal pour lui, dont elle lui envoyoit feulement des copies : & fi elle ne fe chargeoit pas auffi des réponfes qu'il adreffoit à M. le Maréchal ; enforte que par ce moyen elle préfentoit au Major des prétendues lettres du Maréchal, qui étoient fuppofées, auxquelles il faifoit des réponfes qu'il remettoit à elle Répondante, & qu'elle avoit foin de fupprimer ?* Et lui obfervons que dans la *huitieme piece de la quatrieme liaffe des papiers trouvés fous les fcellés fufdits, elle écrit au fieur Vedel :* « Vous m'envoyerez » la copie de la lettre du Maréchal, afin que je vous faffe ré-» ponfe ; demain je vous la donnerai, & Dimanche vous l'écri-» rez ; & vous me l'envoyerez avec la copie du billet qu'il » demande ».

Sommée de s'expliquer ?

A dit qu'il lui eft arrivé quelquefois de faire des brouillons de lettres pour celles du fieur Vedel au Maréchal ; qu'il lui eft arrivé auffi quelquefois de mettre quelques-unes des lettres à la pofte ; mais ce n'eft point une preuve qu'il n'en ait mis de lui-même à la pofte.

97. Lui avons auffi repréfenté *la dix-neuvieme piece defdits fcellés du Commiffaire de Graville, deuxieme liaffe ;* elle dit au Major Vedel : « Marion va mettre ces deux lettres à la pofte ce matin, » dépêchez-vous de les cacheter : je n'ai point ofé dire à Pechot » que je lui payerois fon voyage, c'eft un homme qui fait le » feigneur.... je jure par mon amour que rien n'égale le defir » que j'ai *de recevoir cet argent pour m'en aller avec toi ; adieu, en-* » *voie ces lettres :* je le veux abfolument ; fi elles ne te plaifent » point, nous en ferons d'autres ». Sommée d'expliquer cette lettre qui prouve bien qu'elle fe chargeoit de faire mettre par elle ou par fes gens les lettres pour le Maréchal, & dont eft queftion ; *laquelle lettre d'ailleurs eft démontrée fauffe, puifqu'il y eft queftion de l'arrivée de Pechot, & qu'elle eft convenue qu'il n'avoit point été queftion du voyage avec Pechot.*

L

A dit qu'elle ne peut expliquer ladite lettre, ne fe rappellant pas les circonftances qui la lui ont fait écrire.

98.
Lui avons repréfenté la feizieme piece de la troifieme liaffe du même fcellé du Commiffaire de Graville. C'eft une copie, écrite par le fieur Vedel, d'une lettre du Maréchal, prétendue à elle adreffée. » J'irai chez vous, lui écrit le Maréchal, non pas fans vous aver- » tir & votre *tiers* auffi; je ne veux point le faire venir chez moi, » je ne faurois lui parler: j'ai des avis à vous donner devant lui; » enfin, fi je ne peux aller chez vous d'ici à Samedi, j'écrirai à » Vedel par cet homme qui *remettra votre mandat* aux condi- » tions prefcrites par ma lettre..... ma fille eft très-malade, & » s'en va mourir; pourvu que j'aie un moment, j'irai chez vous, » ou je vous enverrai votre mandat par un homme que j'attends, » & enfuite je remettrai votre mandat à cet homme qui eft enfin » arrivé, il vous le remettra lui-même dans la femaine qui vient, » avec mes avis concernant votre tiers ».

Sommée de nous expliquer cette lettre, fi elle l'a réellement reçue du Maréchal, & où en eft l'original? Et lui obfervons que le commencement de cette lettre, reffemble au commencement, pour le ftyle, d'une lettre par elle réellement reçue du *Maréchal, & cottée 25 de celles dépofées par Me Lafite*, que nous lui avons repréfentées, en l'interpellant de la reconnoître & de la parapher; & lui obfervons encore que d'après la reffemblance de ces deux lettres & de plufieurs autres que nous aurons occafion de voir par la fuite, *nous avons lieu de croire qu'elle & le Major défabufé enfin, & fe prêtant à la tromperie, faifoient des copies des lettres du Maréchal, d'après les phrafes qu'ils prenoient dans fes lettres réelles; & qu'elle ne peut détruire cette induction, qu'en produifant l'original de cette lettre, fi elle l'a réellement reçue du Maréchal.*

A dit, qu'une preuve que cette lettre n'a été copiée fur l'autre, c'eft qu'elle a reçu auparavant l'autre, celle qu'on prétend qu'elle a copié, & n'a paraphé ladite 35* piece, l'ayant été ci-devant.

Obferve qu'il n'eft pas furprenant que M. le Maréchal répete les mêmes phrafes dans plufieurs de fes lettres.

Lui avons repréfenté & fait lecture *de la 35e piece des lettres dépofées par Me Lafite, fon Procureur, & contre laquelle il y a une infcription en faux* : cette lettre a beaucoup de reffemblance avec

99.

la copie de la lettre écrite de la main du sieur Vedel, & dont nous lui venons de parler ; *Il est évident que la copie du Major & la 30e piece déposée par Me Lafite, ont été essayées & contrefaites sur la lettre cottée 25 du même dépôt, fait par Me Lafite, & qu'on y a seulement ajouté ce qui concerne le mandat.*

La lettre cottée 25 porte : « je ne serai jamais étonné d'une » étourderie de votre part, ma chere cousine, mais vous êtes » cependant faite pour être bien aimée ; il me semble que l'inté- » rêt que vous savez que je prends à ce qui vous regarde mé- » ritoit un peu que vous me disiez quelque chose ; mais je ne » suis pas à cela près avec vous, & pourvu que vous soyez heu- » reuse, je serai content ».

Celle cottée 30, contient les mêmes mots précisément jusqu'à ceux-ci : *que vous me disiez quelque chose,* au lieu desquels on y lit, *que vous me croyez, j'enverrai votre mandat si je ne vas pas à Paris ces jours-ci, & pourvu que vous soyez heureuse, je serai con- tent ; mais vous prendrez le tiers pour vous guider. Il seroit unique peut-être que le Maréchal lui eût écrit deux lettres précisément dans les mêmes termes : d'où nous avons tout lieu de croire, que cette lettre cottée 30 est contrefaite, d'après celle cottée 25.*

A dit, qu'elle ne disconvient pas que les 8 ou 10 premieres lignes ne soient du même style, & que ce n'est qu'une preuve des répétitions de M. le Maréchal, de ce que le reste de sa lettre ne se ressemble pas à la vérité ; mais qu'en général, *si ces lettres eussent été fausses, elles ne les auroit pas fait déposer audit Greffe, & qu'il n'est pas étonnant que M. le Maréchal s'inscrive en faux con- tre la piece dont est question, ayant résolu de nier ses billets ;* que toutes les lettres où il parle d'argent, sont de l'année passée, & que les autres sont de fort long tems avant ou après, entr'au- tres celles dont on vient de parler.

100. Lui avons remontré, *qu'elle ne répond point du tout à l'obje- ction, & que nous sommes en état de suivre cette objection encore plus loin, & de lui prouver la contrefaction des lettres du Maréchal, en confrontant la neuvieme piece de la deuxieme liasse du paquet cacheté, trouvé sous les scellés, chez la veuve le Roi, Commissaire de Gra- ville, qui est une copie* de la main du sieur Vedel, d'une lettre pré- tendue être du Maréchal ; les deux derniers *alinea* de cette copie, sont précisément le commencement *du fragment cotté 26*

du dépôt fait par M Lafite ;* on s'arrête dans cette copie au mot
appartement , & on date la lettre du 30 Novembre 1772, pour
faire croire qu'il s'y agit de l'appartement de Paris ; & la piece
huitieme de la même liasse, est une copie de la main de la Répondante de la même lettre ; *même preuve dans la 23*e *piece du
dépôt faite par M* Lafite *, qui est un* fragment, commençant par
ces mots : « *Godiniere ,* & ne mérite même point de reproches
» de la part de ma chere cousine que j'aime bien tendrement,
» qui en doit être si assurée, que je n'ai pas besoin de lui dire
» des gentillesses pour l'en persuader ».

La piece cottée 7 de la deuxieme liasse du Commissaire de Graville , du paquet cacheté est la répétition *au commencement* de la
fin de ce fragment , sur lequel on a échaffaudé l'histoire de Pechot & de l'argent, & qu'on a daté du 18 Janvier ; & lui avons
représenté cette piece cottée 7 , en l'interpellant de la reconnoître , & de déclarer si c'est un original de lettre du Maréchal ou
une copie ; & dans le cas où ladite piece ne seroit qu'une copie,
de produire l'original ; faute de ce faire, il demeurera pour constant que c'est de sa part une contrefaction.

A dit, que personne à sa connoissance n'a jamais contrefait
des lettres du Maréchal , & s'il a mis quelques différences dans
aucunes de ses lettres, il l'a fait exprès pour pouvoir les nier, &
qu'elle ne s'étoit jamais apperçu de cette égalité de style ; que
*s'il y a quelque chose de faux , soit dans les billets ou les lettres , le
tout vient de lui :* reconnoît au surplus la copie de la lettre de M.
le Maréchal pour être de la main du sieur Vedel ; ne sait où est
l'original.

101.   Si depuis son arrivée à Paris elle a eu des liaisons intimes
avec Canron : sommée de nous expliquer les causes d'une lettre
de change , trouvée chez elle , & tirée sur elle par Canron ;
ensemble de nous détailler l'affaire de 15 à 1800 livres, qu'elle a
fait avec ledit Canron , chez un nommé Saint-Martin , rue
Saint Martin ?

A dit qu'étant à Poitiers, ayant une affaire à Paris , elle s'adressa à ce Canron qu'elle croyoit occupé en cette ville, d'accommoder cette affaire ; il lui répondit, qu'il ne pouvoit pas sortir de chez lui, parce qu'il étoit dans une très-mauvaise affaire ,
& qu'elle lui signât la lettre de change qu'il lui envoyoit , qu'il

arrangeroit ses affaires, & seroit à même de sortir : qu'en conséquence elle lui signa ladite lettre de change, & la lui envoya : qu'étant arrivée à Paris, elle a été contrainte de payer cette lettre, ce qui l'a piquée, & elle l'éconduisit de chez elle, & il n'y a pas reparu. N'a pas connoissance de l'affaire de Canron avec Saint-Martin, si ce n'est que ce dernier l'a forcé de payer le montant de ladite lettre.

102. *Sommée de représenter les originaux des lettres, dont les copies ont été trouvées transcrites, soit par elle, soit par le sieur Vedel; & formant les premiere, deuxieme, troisieme, quatrieme, cinquieme, sixieme & septieme pieces de la premiere liasse du paquet cacheté, trouvé sous les scellés du Commissaire de Graville, chez la veuve Leroi, ainsi que les treizieme & seizieme pieces de la troisieme liasse. Idem.*

Lui observons que c'est sur le contenu de ces prétendues lettres qu'elle établit son histoire dans son premier interrogatoire, que par conséquent elle auroit dû être très-empressée, si elle avoit cru ces lettres vraies, de les déposer, & que le refus qu'elle fait de les déposer, est une preuve que ces lettres n'ont jamais existé de la part du Maréchal; & que les copies ci-dessus énoncées sont des projets de lettres, concertés, soit par elle seule, soit d'accord avec le sieur Vedel pour les attribuer au Maréchal, lorsqu'on seroit parvenu à contrefaire des copies semblables à son écriture : idée que nous avons lieu de croire d'autant plus vraie, que les copies en question étoient cachetées avec soin, avec cet intitulé sur l'enveloppe : BROUILLONS.

A dit, qu'ayant ci-devant dit qu'elle avoit donné toutes les lettres du Maréchal, ce n'est point un refus de sa part d'en produire d'autres que celles qui le sont, n'en ayant plus en sa possession : nie avoir fait, ou eu connoissance qu'il y eût aucune contrefaction des lettres du Maréchal; que M. le Maréchal sait bien lui-même qu'il a écrit toutes les lettres qu'elle a citées être de lui.

103. Lui avons représenté les quatre pieces de la deuxieme liasse des papiers trouvés sous le scellé du Commissaire Chenon, chez la veuve Leroi; c'est une lettre d'elle au Major : « Tenez : » je vous envoie du caractere de cet homme, vous verrez qu'il   A REMARQUER. » parle du Maréchal, & que je le charge de toutes mes affaires » à Paris... confrontez les caracteres, & voyez que cet homme

» eſt un homme à M. le Maréchal en qui j'ai la plus grande
» confiance, qui a ſoin de toutes mes affaires, & qui les fait
» toutes...... *Je vous en envoie aſſez pour confronter les carac-*
» *teres, il eſt inutile, parce que je veux prouver que j'envoye une*
» *lettre entiere : je vous envoye deux lignes de la lettre du Maré-*
» *chal, de ce courier;* vous verrez les lettres dans le tems ».

Sommée de nous expliquer cette lettre, d'indiquer quel eſt
l'homme dont elle a envoyé des caracteres d'écriture : ſi ce
n'eſt point Canron, ainſi que nous avons lieu de le croire
d'après ſes liaiſons avec Canron qu'elle a conſervées depuis
Milhaut juſqu'à Paris. *Lui obſervons que cette lettre eſt la preuve
la plus poſitive d'un projet de contrefaction, & que ſi elle n'en donne
l'explication la plus claire, cette preuve reſtera en ſon entier.*

A dit qu'elle ne *ſe ſouvient pas de qui elle parle dans la lettre dont
eſt queſtion : qu'apparemment elle vouloit donner au ſieur Vedel du
caractere de quelqu'un avec qui elle entretenoit une correſpondance
à Paris.* Proteſte qu'il n'étoit point *queſtion du caractere de M. le
Maréchal*, ne ſait même ſi elle parloit de Canron ; que ſi *elle
ſe rappelle quelque choſe à cet égard, elle le dira avec plaiſir, aux
riſques de tout ce qui pourra lui en arriver.*

104.

A elle repréſenté que d'après le premier mandat du Maréchal ſur Pechot, elle auroit dû aller chez Pechot, ſavoir s'il
vouloit payer ce mandat, & que ce n'étoit que d'après le refus
de Pechot qu'elle devoit s'adreſſer au Maréchal pour lui en

A REMARQUER.

demander un autre ; qu'indépendamment de la fauſſe acceptation de Pechot qui a exiſté ſur les deux premiers mandats de
100 mille écus, il ſuffiſoit du peu de vraiſemblance de ces mandats, de la précaution frauduleuſe que l'on a eu de montrer la
ſignature du Maréchal à ſon Notaire, pour s'aſſurer ſi elle étoit
bien contrefaite, plutôt que d'aller recevoir la ſomme chez
Pechot, & de toutes les autres circonſtances du procès dont
le détail ſeroit ici trop long, pour être perſuadé que tous les
billets & toutes les lettres relatives aux billets & à l'argent ſont
contrefaites ; qu'il n'y auroit que la preuve la plus poſitive de
ſa part de la vérité des billets, ainſi que de la cauſe d'iceux,
qui pourroit faire changer d'idée à cet égard, & que loin par
elle de rapporter cette preuve, elle ne répond rien à toutes les

preuves dont elle-même eſt accablée, que des défauts de mémoire ou des menſonges, tels que les lettres relatives à Pechot, qu'elle eſt convenue ci-deſſus être fauſſes.

A dit qu'elle ne s'eſt pas adreſſée à Pechot pour le paiement du premier mandat, par ménagement pour M. le Maréchal, qu'elle avoit des raiſons bien preſſantes pour ne pas s'expoſer encore à l'offenſer; ces raiſons ſont que ſi Pechot refuſoit de le payer, elle auroit riſqué de fâcher M. le Maréchal, & de ne plus avoir des billets qui fuſſent meilleurs que celui-là; que lorſque le ſieur Vedel s'étoit adreſſé au Notaire du Maréchal, *c'étoit plutôt par méfiance que pour s'aſſurer d'une contrefaction connue*, que le ſieur Vedel & elle Répondante ſont dans la bonne foi à cet égard; que la preuve la plus ſûre des billets, ce ſont les billets mêmes; que *s'il y a quelque choſe de faux dans les billets ou dans les lettres, quoiqu'elle les croye bien écrites & ſignées de ſa main, ce faux ne vient que de M. le Maréchal, de qui elle tient le tout, & que la preuve qu'elle les tient de lui, c'eſt qu'elle ne les auroit pas fait dépoſer, non plus que les lettres; qu'il ne tenoit qu'à elle de les cacher & de les brûler, & qu'elle auroit eu aſſez de défendre ceux qui étoient vendus ſans en adminiſtrer de nouveaux;* que ſi elle a gardé le ſilence ſur toutes les lettres par elle écrites au ſieur Vedel, c'eſt parce qu'elle n'a jamais cru qu'une femme fût tenue de répondre de tout ce qu'elle a écrit dans la ſuite de la paſſion qu'on lui ſuppoſe avoir eue pour le ſieur Vedel.

105. Sommée encore une fois de nous déclarer le nom du Procureur de Poitiers qui avoit un dépôt de 45,000 livres à lui remettre de la part du Maréchal?

A dit qu'elle n'a rien à répondre à cela.

106. Sommée auſſi de déclarer quelles relations le ſieur Vedel a eues avec M. de Richelieu; quel ſecret de M. de Richelieu il poſſédoit; lui obſervons que ſi, comme il eſt démontré juſqu'à préſent, M. de Richelieu n'a eu aucune relation avec le ſieur Vedel, ne l'a vu que deux ou trois fois en viſite de corps, ou chez l'Evêque ou l'Intendant de Poitiers, & ſans aucune diſtinction, il s'enſuit néceſſairement que toutes les lettres prétendues de M. de Richelieu relatives au ſieur Vedel, cette qualification myſtique *de tiers* qu'il lui donne, & de toutes ces

autres propofitions énoncées dans lefdites lettres qui font abfurdes tant qu'on n'en donnera pas la clef, font fauffes & contrefaites: ce qui fe préfume d'autant plus, qu'il eft prouvé au procès que M. de Richelieu, loin de s'intéreffer pour le fieur Vedel, malgré les lettres preffantes d'elle Répondante, n'en a pas dit un mot, ainfi qu'elle Répondante l'a écrit elle-même au Maréchal; fommée de répondre à tout ce que deffus?

A dit que M. le Maréchal s'eft très-fort intéreffé pour le fieur Vedel; qu'il lui en a réitéré des affurances à Poitiers, chez M. de Bloffac: qu'il a parlé ici au fieur Charlot, Commis du Bureau de la Guerre, à MM. d'Aiguillon & de la Vauguyon; qu'il a écrit au fieur Vedel, parce qu'elle l'en avoit prié, & que s'il a obfervé depuis de ne pas rendre fa protection pour le fieur Vedel plus vifible, c'étoit apparemment pour fe ménager la facilité de le nier plus facilement, & qu'elle eft perfuadée que M. le Maréchal ufe de la perfécution & de la tyrannie la plus cruelle & la plus outrageante qu'on puiffe faire au monde, pour la faire périr.

107. Si dans le cours de l'année 1773, année dans laquelle elle eft venue à Paris, & dans laquelle M. de Richelieu étoit de fervice à la Cour, elle s'eft préfentée fouvent à l'Hôtel de Richelieu?

A dit qu'elle ne s'y eft préfentée *fort peu fouvent cette année 1773*, parce qu'il n'y étoit pas.

108. A elle remontré qu'on nous obferve qu'elle n'y a pas mis le pied?

A dit que ce font des menfonges.

109. Si elle a reçu plus de cinq à fix lettres de M. le Maréchal dans ladite année 1773; fommée de les produire?

A dit qu'elle lui a écrit nombre de fois, qu'elle produira les lettres quand on les lui aura remifes, & qu'elle en a déjà produit une partie.

110. Lui avons obfervé que nous avons eu la preuve, que jamais aucun des gens de M. de Richelieu ne lui a remis un paquet qui pût contenir de billets, & que tous déclarent ne lui avoir jamais porté que de très-petites lettres qui ne pouvoient contenir autre chofe que la lettre?

A dit que fans compter l'enveloppe des billets, elle a prefque
reçu

reçu toutes ſes lettres ſous enveloppe, entr'autres un paquet ſous enveloppe des lettres du Pere d'elle Répondante, & d'autres qu'elle lui avoit remiſes, & qu'il lui renvoyoit.

111. A elle remontré que le 13 Novembre 1773, jour qu'elle a A REMARQUER. reçu les 420,000 livres de billets, ainſi qu'elle le prétend, M. le Maréchal n'étoit point à Paris ; qu'il étoit alors & depuis pluſieurs jours occupé à la Cour pour les préparatifs du mariage de M. le Comte d'Artois, qui a été célébré le 16, & dont les cérémonies rouloient ſur ſon compte ; lui obſervons même que le 13 M. de Richelieu étoit à Nemours, où il étoit allé complimenter Madame la Comteſſe d'Artois de la part du Roi.

A dit, que *dans le commencement de Novembre 1773, M. le Maréchal lui envoya*, un Dimanche, après la meſſe, ſon laquais Saint-Jean, porteur d'un paquet ſous enveloppe, contenant les billets & la lettre d'envoi ; qu'elle jure ſur ſa vie & ſon honneur qu'elle veut périr ſi cela n'eſt pas vrai ; & qu'elle eſt ſûre comme de ſon exiſtence, que M. le Maréchal étoit alors à Paris ; qu'elle a dit dans ſon premier Interrogatoire que c'étoit le 13, parce que l'Abbé Froment lui avoit donné la date de ce jour, mais ſait ſeulement que c'étoit dans le commencement dudit mois de Novembre 1773 qu'il lui a envoyé leſdits billets.

112. Si dans le courant dudit mois d'Octobre, dans l'intervalle du 17 au 21, que M. de Richelieu eſt venu à Paris, pleurer la perte de Madame d'Egmont, ſa fille, elle Répondante l'a vû.

A dit, qu'alors elle a ſeulement écrit deux ou trois lettres à M. le Maréchal pour ſavoir de ſes nouvelles, & le complimenter ſur la mort de Madame d'Egmont, & lui demandoit la permiſſion de ſe préſenter chez lui ; mais qu'il ne reſta à Paris que deux ou trois jours, & ne le vit point.

113. Lui obſervons qu'elle a dit, ainſi que l'Abbé Froment, que c'étoit un laquais de M. le Maréchal, nommé Saint-Jean, qui avoit apporté le paquet contenant les billets, & qu'il étoit vêtu en habit rouge galonné en argent ; cependant on nous aſſure, que dans la maiſon du Maréchal, les Domeſtiques quittent l'habit galonné d'argent vers la fin d'Octobre, & prennent la grande livrée.

A dit, qu'elle a répondu la vérité à cet égard, en diſant que, c'eſt Saint-Jean qui lui a apporté ledit paquet contenant les billets, & étoit vêtu de rouge.

114. Comment elle imagine pouvoir faire accroire que le Maréchal, qui lui faiſoit attendre depuis longtems le prétendu mandat de 100 mille écus, ſe ſoit déterminé, *ſans qu'elle le lui demandât, à ajouter à ce mandat deux billets de 60, 000 livres chacun, & à en donner un au ſieur Vedel qu'il ne connoiſſoit pas?*

A dit, qu'il n'y a rien de ſi aiſé à croire dans le moment même où nous parlons, que M. le Maréchal ſe ſoit déterminé, il y a un an, à faire des billets.

Qu'il n'a pas aſſez de mémoire pour faire deux fois la même lettre, mais a aſſez d'eſprit pour avoir fait ſes billets à la Répondante, dans la vue de la perdre ſi elle venoit à en faire uſage.

Avons continué le préſent Interrogatoire au premier jour.

Lecture, a perſiſté & ſigné, *ſigné*, VENCE DE SAINT-VIN-CENT & BACHOIS.

Du 30 Septembre 1774, de relevée.

Sur ce qui nous a été dit, que la Dame de Saint-Vincent étoit toujours hors d'état de ſe tranſporter en notre Cabinet pour la continuation du préſent Interrogatoire, ſommes de nouveau tranſportés en ladite priſon, aſſiſtés du même Commis-Greffier:

Eſt comparue pardevant Nous ladite Dame de Saint-Vincent, étant dans *ſon lit malade;* laquelle, après ſerment, a dit ſe nommer, &c.

Sommée de nous dire, ſi c'eſt elle qui a mis ſur le billet de 100,000 écus l'acceptation Pechot?

A dit, qu'elle ne s'en ſouvient pas; qu'il y avoit là beaucoup de perſonnes; qu'elle ne ſe ſouvient pas qui, mais que ce n'eſt pas elle.

116. Interpellée de nous déclarer les perſonnes qui ſe trouvoient-là?

A dit, qu'elle ne s'en ſouvient pas.

A elle remontré, qu'il paroît y avoir de l'affectation dans ſa conduite du 13 Novembre dernier, lors de la prétendue réception des billets du Maréchal; pourquoi, en effet, étoit-elle à entretenir l'Abbé Froment de ces billets au moment même qu'ils font arrivés? pourquoi fe retirer de chez l'Abbé Froment pour décacheter le paquet, & ne l'avoir pas décacheté devant lui: fommée de déclarer fi ce n'étoit pas pour fe ménager, dans les perfonnes de l'Abbé Froment & du fieur Vedel, des témoins de la réception de ces prétendus billets; & de nous repréfenter l'enveloppe qui contenoit lefdits billets?

A dit, qu'elle parloit à l'Abbé Froment des billets, parce qu'il favoit qu'elle les avoit envoyés la veille, & difoit : qui fait s'il ne fignera pas lefdits billets? qu'elle entra fur le bord d'une autre chambre, parce que le nommé Saint-Jean y venoit d'entrer, lui remit le paquet, & elle le décacheta auffi-tôt.

118. Si le fieur Vedel a eu connoiffance de l'acceptation fauffe de Pechot du mandat de 100,000 écus?

A dit, qu'elle n'en fait rien ; & qu'elle vouloit *feulement , par cette fauffe acceptation , effayer la confiance de la dame Saint-Jean , & voir fi elle auroit cherché à le négocier.*

119. A elle remontré, qu'il n'eft pas naturel de croire, que pour effayer la dame Saint-Jean, elle ait facrifié un billet de 100,000 écus qu'elle avoit eu tant de peine à avoir.

A dit, que *cela ne pouvoit pas gâter le billet, & que cela avoit été mis dans un coin, & pouvoit s'effacer aifément.*

120. A elle remontré, qu'elle nous a dit dans fon premier Interrogatoire avoir déchiré le billet de 100, 000 écus chez M. le Maréchal, & en avoir jetté les morceaux dans fa cheminée en fa préfence; *cependant il eft prouvé que depuis cette converfion du billet de 100,000 écus en plufieurs autres billets, la femme Leroi a propofé ce même mandat de 100,000 écus à négocier, ce qu'elle n'a pú faire qu'à l'inftigation du fieur Vedel ; & ce qui tend à prouver que ledit Vedel, qui avoit d'abord été fa dupe, s'étoit enfuite prêté à fa tromperie.*

A dit, qu'il n'eft pas étonnant que dans la longueur de fon premier Interrogatoire *elle fe foit trompée en difant qu'elle avoit déchiré le mandat, & jetté les morceaux dans la cheminée ;* mais déclare qu'il n'eft pas poffible que la dame Leroi ait propofé de négocier aucun billet de 100,000 écus, fi ce n'eft auparavant qu'elle ait rendu celui dont eft queftion au Maréchal.

121. Lui obfervons, que nous avons lieu de croire que, fi avant ſon arrivée à Paris, M. le Maréchal avoit pris quelqu'intérêt à elle, il étoit plus que refroidi depuis qu'il la connoiſſoit; que cela réſulte de quelques dépoſitions de témoins qui atteſtent, qu'elle Répondante s'étant préſentée à l'hôtel du Maréchal pour lui parler, ſur ſes inſtances on l'annonça au Maréchal, qui ne voulut point la recevoir; que d'ailleurs on nous aſſure qu'elle a été ſouvent refuſée à la porte avant qu'elle eût été chez le Maréchal, accompagnée d'une Demoiſelle Angloiſe & ſa mere; & que ce n'eſt qu'à l'appui de ces ceux Dames qu'elle eſt entrée depuis, trois ou quatre fois.

A dit, que dès la premiere fois qu'elle s'eſt préſentée chez M. le Maréchal, elle eſt entrée dans ſon appartement, où il l'a reçue, en l'engageant à ſe faire friſer & arranger avec le goût de cette Capitale; qu'il n'y a point eu de refroidiſſement; & que ſes derniers billets n'en annoncent aucunement; mais quand cela ſeroit, il n'y auroit rien d'étonnant, vû que M. le Maréchal eſt fort inconſéquent dans ſes actions, & fort inconſtant pour les Dames; qu'au ſurplus elle ne s'étoit point apperçue de ce refroidiſſement.

122.   Sommée de nous déclarer poſitivement en combien de billets celui de 100,000 écus a été converti; quelles étoient les ſommes, les dates & les échéances deſdits billets, & lui obſervons que les variations qu'elle a eues à cet égard, ne peuvent que compromettre grandement la vérité de ſon récit; *elle a d'abord annoncé cinq ou ſix billets, enſuite ſept ou huit, & il s'en trouve dans le fait dix ; ces billets ne devoient former que 100,000 écus, & ils compoſent 350,000 livres : ſuivant l'idée prêtée au Maréchal ce billet de 100,000 écus ne devoit point être négocié, comment, en ſuppoſant contre toute vraiſemblance qu'il l'auroit donné, ſe ſeroit-il déterminé à le convertir en pluſieurs petits billets pour en faciliter la négociation.* Sommée d'expliquer cette contradiction?

A dit, qu'elle ne ſait point les dates ni les échéances deſdits billets, ſait qu'il y en a de différentes ſommes, de 25, 30, 35, 40, 000 livres, que lorſqu'elle propoſa au Maréchal de convertir ſon billet de 100, 000 écus, elle ſe garda bien de lui dire que c'étoit pour le négocier; mais lui donna à entendre qu'il lui ſeroit plus aiſé de payer un billet de 20, 25 ou 30, 000 livres, qu'un de 100, 000 écus : qu'elle lui fit d'autres bavarderies; qu'enfin il lui remit les billets en queſtion.

123. A elle remontré que *cette raifon n'eft pas bonne, parce qu'en lui laiffant le billet de 100,000 écus, le Maréchal auroit pu également donner des à-comptes fur cette fomme : d'ailleurs elle prétend avoir reçu ces billets en Février ou Mars, & cela paroît de toute fauffeté ; car il y a plufieurs billets datés poftérieurement au mois de Mars, un entr'autres du 8 Mai dernier, furveille de la mort du feu Roi ; époque à laquelle le Maréchal n'a fûrement figné aucun billet : d'un autre côté, c'eft elle qui a fait écrire le corps defdits billets, & par conféquent la date d'iceux ; & il eft contre tout bon fens, que faifant figner des billets à M. de Richelieu en Février ou Mars, & étant maîtreffe de la date, elle les ait fait poftdater, au lieu de les faire antidater ; en effet, elle couroit rifque que le Maréchal mourût dans l'intervalle de Mars à Mai, alors les billets n'auroient rien valu.*

Sommée de répondre à ces contradictions ?

A dit, que quand elle a fait faire lefdits billets, elle a dit aux Ecrivains qu'elle employoit à cet effet de les faire fous différentes dates & échéances; qu'elle n'a pas fait les remarques que nous venons de faire.

124. Si le Maréchal l'a vue avant fon dernier départ pour Bordeaux, au mois de Juin dernier ?

A dit, qu'il eft venu chez elle fept ou huit jours auparavant.

125. Comment la Répondante lui ayant écrit le 29 Juin dernier & pris tant de mefures pour payer ce qu'elle devoit à Poitiers, ne lui a-t-elle pas, dans cette lettre du 29 Juin, parlé des reffources qu'il lui avoit procurées pour payer ces dettes ?

A dit, qu'elle s'en gardoit bien, parce que, felon lui, elle ne devoit point négocier de billets.

126. Lui obfervons qu'elle a dit dans fon premier interrogatoire, qu'un laquais de M. le Maréchal lui avoit apporté une lettre pleine de tendreffe de fa part *le Samedi*, & que le fieur Marion lui avoit apporté celle qui ouvre la fcene, *le Lundi fuivant* : ce qui paroît abfolument faux. *Le courier de Bordeaux arrive le Mercredi & le Samedi ; le fieur Marion lui a porté la lettre du Maréchal, par laquelle il fe plaignoit d'un tripotage de billets, elle y fit réponfe fur le champ, & le fieur Benavent porta cette réponfe au fieur Marion le Dimanche, ce qui eft tellement vrai, qu'au fortir de chez elle, le fieur Marion alla chez M. de Sartine, à qui il remit la lettre que M. le Maréchal lui avoit écrite.*

A dit, qu'elle s'eſt trompée du jour, mais qu'elle eſt certaine que l'avant-veille de la lettre apportée par Marion, elle en avoit reçu une du Maréchal, remplie de tendreſſe, à partager avec la demoiſelle Milady, dont nous avons parlé ci-deſſus.

127. Lui obſervons qu'il *paroît prouvé par les lettres étant au procès, que le mari d'elle Répondante, lui donnoit 2500 liv. de penſion; qu'il lui a fait paſſer de l'argent à la réquiſition du Maréchal, pour payer ſon appartement de Poitiers, & que même il lui donnoit, pour le paiement de ſa dette, 500 liv. par an au-deſſus des 2500 liv. de penſion; que le Maréchal lui a fait paſſer des ſecours par l'Evêque de Poitiers pour les dépenſes de ſa maladie que M. le Maréchal ignoroit être une couche*; que d'un autre côté, toutes les lettres du Maréchal prouvent qu'il l'exhortoit à ménager ſa famille, & ſe conformer aux intentions de cette même famille; *comment d'après cela croire que ce même homme ait voulu lui faire un préſent de 400,000 liv. pour lui procurer une maiſon en cette ville, & de quoi s'y ſoutenir contre le gré & la volonté connue de cette famille?*

A dit, qu'on n'a qu'à demander à M. de Caſtellane, ſi ce n'eſt pas contre le gré de M. de Saint-Vincent qu'elle eſt venue à Paris: s'il n'étoit pas chargé des lettres du pere & du mari d'elle Répondante au Miniſtre pour qu'il s'y oppoſât; & ſi M. le Maréchal n'a point eu une diſpute avec lui, dans la chambre du Roi à cette occaſion, Sa Majeſté n'y étant pas; ne croit pas devoir répondre ſur ce que ſon mari lui donnoit ou non?

128. Si elle a réellement reçu une lettre du Maréchal, par laquelle il lui marquoit que le Roi lui avoit demandé des nouvelles d'elle Répondante?

A dit qu'elle ne s'en ſouvient pas.

Lui avons repréſenté *les quatorze & quinzieme pieces de la troiſieme liaſſe des ſcellés du Commiſſaire de Graville, chez la veuve Leroy, qui ſont deux lettres d'elle Répondante au ſieur Vedel;* dans la premiere elle y dit: « Cette lettre du Roi me tourmente: » je ne puis que pleurer ou rire quand j'y penſe: je t'en prie » apporte-la pour que je la déchire, je te donnerai les ſuivantes. » Je ſuis attrappée comme un fondeur de cloches, & tu te » moques de moi ».

Dans la deuxieme: « O que nous étions laids, & cette grimace » de pendu dont tu me menaças, nous porta malheur, j'aimerois » mieux être pendue moi-même que de te voir avec un air auſſi

» indifférent, aime-moi fi tu le veux, aime ce qui t'aime, je
» te promets de ne pas aimer le Roi ; je ne recevrois de lui
» fon Royaume que pour te le donner ; fois tranquille furmon
» cœur, les honneurs ne me font pas tourner la tête, & quoi-
» que le Roi s'occupe de moi, & demande de mes nouvelles,
» je ne t'en aime pas moins ; je ne puis penfer à cette folie
» fans rire, à préfent que je la tiens dans ma poche ».

Ces deux lettres indiquent qu'elle avoit reçu de la part du
Maréchal des efpérances d'approcher de la perfonne du Roi, &
en effet on trouve *une copie de lettre du Maréchal, cottée fixieme
piece de la deuxieme liaffe du paquet cacheté du Commiffaire de Graville*, dans laquelle le Maréchal lui marque que le Roi lui a
demandé *fi Madame de Saint-Vincent étoit prête à partir :* on
nous affure d'ailleurs qu'elle a brûlé nombre de lettres du Maréchal portant ces promeffes faftueufes.

Sommée de nous repréfenter les originaux de ces lettres, s'ils
exiftent, *ou il demeurera pour conftant qu'elle avoit contrefait ou
fait contrefaire lefdites lettres*, ainfi que cela réfulte de fes deux
lettres ci-deffus citées ; defquelles il réfulte auffi que le Major
s'entendoit avec elle, & que ce concert de fraude leur donnoit de vives inquiétudes, témoin les réflexions qu'elle fait *des
grimaces du pendu*, dont elle parle dans fes lettres au fieur
Vedel.

A dit qu'elle s'amufoit à dire & à écrire au fieur Vedel toutes
les folies fur lefquelles elle n'eft point tenue de répondre, n'étant
d'aucune conféquence : ne fe fouvient aucunement de cette
hiftoire où elle parle du Roi ; que peut-être M. le Maréchal lui
avoit parlé du Roi, fur quoi elle avoit imaginé de faire une hiftoire au fieur de Vedel.

129. A elle remontré qu'on ne fe juftifie point ainfi, & que faute
par elle d'expliquer nettement cette affaire, il demeurera pour
conftant qu'elle & le Major Vedel s'entendoient pour contrefaire les lettres du Maréchal.

A dit que peut-être le Major Vedel fe fouviendra-t-il pourquoi elle lui a fait tous ces verbiages, & qu'il n'y a eu aucun
concert pour la contrefaction des lettres du Maréchal.

130. Si le fieur Aleon Defgouttes qu'elle a été confulter fur la foli-

dité du billet de M. le Maréchal, a vu le billet de 100,000 écus ?

A dit que c'eft le fieur Vedel qui a mis la Répondante vis-à-vis du fieur Aleon , mais ne lui avoit point dit le nom d'elle Répondante , & que M. Aleon n'a pas vu ledit billet de 100,000 écus.

131.   A elle remontré que nous avons lieu de croire qu'indépendamment des douze billets dépofés au Greffe, montant à 425,000 livres, il en exifte encore deux , l'un de 50,000 livres , & l'autre de 60,000 livres , & que ce dernier a été négocié à un marchand de bois , fauxbourg Saint-Antoine.

A dit qu'elle *ne croit pas que ces billets exiftent.*

132.   Comment, ayant reçu pour 425,000 livres de billets de **M.** ie Maréchal, a-t-elle propofé au fieur Benavent de lui en écrire quatre autres , que le Maréchal les figneroit , & qu'elle en étoit sûre ; & lui avons remontré que cela démontre clairement qu'elle avoit à fa difpofition la main qui fignoit ces billets , & que ce n'étoit point celle du Maréchal.

A dit qu'elle n'avoit point de main à fa difpofition , & la preuve c'eft que ces billets n'ont point été fignés ; qu'il lui étoit venu dans la tête de demander au fieur Benavent des billets , parce qu'elle efpéroit que le Maréchal les figneroit un jour.

133.   Lui avons repréfenté que ce n'eft point-là répondre cathégoriquement : fommée de nous déclarer fi elle n'a pas montré à quelques perfonnes une lettre qu'elle prétendoit avoir reçue de Bordeaux, du Maréchal de Richelieu, portant qu'il avoit remis lefdits quatre billets, & qu'il les renverroit fignés par le premier courier.

A dit qu'*elle n'a pu montrer des lettres relatives à ces billets, puifqu'elle n'en a point envoyé à M. le Maréchal, & n'en a reçu aucune ; n'a pas même parlé au Maréchal de ces billets.*

134.   Si elle avoit donné à Benavent le billet de 20,000 livres prétendu figné du Maréchal, & qui a été trouvé dans les poches dudit Benavent ?

A dit qu'elle ne lui avoit pas donné, mais feulement confié pour le négocier.

D'où elle connoît le fieur Doumain ?

A

A dit qu'elle ne le connoît pas, ne l'a vu qu'une ou deux fois, & un inftant, pour lui dire que M. le Maréchal l'avoit congédié, & l'a priée de le faire reprendre par M. le Maréchal.

136.	Lui avons remontré que nous avons la preuve que pendant le féjour d'elle Répondante à Poitiers, elle a écrit plufieurs fois à Doumain fous une triple enveloppe, une premiere à M. le Maréchal, une deuxieme à Doumain, & une troifieme à Canron ; que le Maréchal a levé la premiere enveloppe, & voyant l'adreffe de Doumain, la lui remettoit ; Doumain décachetoit fon adreffe, & remettoit à Canron le paquet qui lui étoit adreffé ; Canron tiroit du paquet à lui adreffé une lettre par elle écrite au Maréchal, qu'il rendoit à Doumain, pour la rendre au Maréchal ; fommée de nous expliquer quelle raifon elle pouvoit avoir de faire cette manœuvre, ou il demeurera pour certain qu'elle n'employoit une marche auffi peu naturelle, que pour cacher quelques fauffetés ?

A dit, que cela a pu lui arriver quelquefois, parce que Canron lui demandoit des lettres de recommandation pour les porter lui-même à M. le Maréchal, afin de l'engager à le placer, & l'avoit priée auffi de les adreffer d'abord au fieur Doumain, pour lui éviter les frais de pofte.

137.	Lui avons obfervé qu'elle ne détruit pas la difficulté : fommée de déclarer fi elle n'a pas cherché à féduire le fieur Doumain pendant qu'il étoit chez M. le Maréchal ?

A dit, qu'elle a répondu vérité, & n'a point cherché à féduire Doumain.

138.	Si depuis fon arrivée à Paris elle a vu ledit Doumain ?

A dit, qu'elle l'a vu une fois ou deux l'an paffé, parce qu'ayant été renvoyé, il eft venu la prier d'engager le Maréchal à le reprendre : ne l'a pas vu depuis.

139.	Si elle n'a pas auffi cherché à gagner le laquais de M. le Maréchal, nommé Saint-Jean, à force d'argent ? Ne l'a-t-elle pas employé à fes commiffions particulieres, & où elle l'envoyoit ?

A dit, qu'elle lui donnoit un écu lors de fes commiffions ; ne lui a donné une feule fois fix livres ; mais ne croit pas l'avoir jamais envoyé en aucune commiffion particuliere pour elle.

140.	Si elle connoît Subbe, & fi ce dernier ne lui a pas fait des projets de lettres pour M. le Maréchal ?

N

A dit qu'elle connoît le fieur Subbe pour l'avoir vu deux ou trois fois, parce qu'elle l'a envoyé chercher, pour lui faire quelques projets de lettres pour M. le Maréchal.

Que, quoiqu'elle eût alors le mandat de 100,000 écus du Maréchal, elle n'en dit rien à Subbe; fe contenta de lui dire que, quoique M. le Maréchal l'eût déplacée, il ne lui donnoit rien.

141. Quelles étoient les réponfes décifives que Subbe faifoit à la Répondante, de la part du Maréchal?

A dit qu'elle n'a eu d'autre réponfe de Subbe, pour le Maréchal, finon qu'ayant chargé Subbe d'une lettre pour M. le Maréchal, il dit à la Répondante que le Maréchal avoit répondu qu'il iroit chez elle.

142. Jufqu'à quel point Subbe a-t-il été dans fa confidence fur fes projets de tirer de l'argent du Maréchal de Richelieu, & combien y a-t-il qu'elle avoit vu le fieur Subbe, au moment que l'affaire actuelle a éclaté?

A dit qu'elle n'a pas vu Subbe depuis le mois de Mai 1773; n'a eu aucune relation avec lui, fi ce n'eft que l'ayant rencontré une fois dans l'anti-chambre du Maréchal, elle lui dit : *adieu, Subbe, je fuis bien contente;* qu'il lui demanda fi c'étoit de la part de fon mari qu'elle avoit reçu des fecours; à quoi elle répondit que c'étoit de la part du Maréchal, dont elle étoit bien contente, & qu'elle aimoit bien.

143. Si Subbe ne lui fourniffoit pas de tems à autre des carroffes du Maréchal?

A dit que non.

144. S'il ne s'eft point concerté avec Canron au fujet des lettres prétendues du Maréchal?

A dit que ni Canron ni Subbe ne favoient feulement pas qu'elle eût des lettres du Maréchal.

145. A elle remontré qu'elle nous en impofe, en difant n'avoir point fait de confidence à Subbe, & n'avoir eu aucune relation avec lui; que nous avons au contraire tout lieu de croire qu'elle a communiqué à Subbe tous fes projets; que celui-ci lui a donné des confeils & rédigé des lettres; & lui avons repréfenté *les pieces cottées 14, 15 & 30 de la feconde liaffe des fcellés du Commiffaire de Graville* : on y voit que Subbe la con-

feilloit pour placer fon argent ; qu'il avoit fait faire une confultation pour elle ; qu'elle attendoit Subbe avec impatience ;
qu'elle le faifoit venir , & qu'il lui prêtoit des carroffes. Elle
écrit en effet au fieur Vedel , dans la premiere defdites pieces :
« Je t'envoie , pour t'amufer , la confultation de Subbe pour
» le placement de mon argent fur les Indes ou les Fermes. ....
» Tu liras auffi cette confulte que Subbe a fait faire. J'attends
» les jours qui doivent affurer mon bonheur & mon repos ». Si
Subbe , que je dois voir demain , dit-elle dans une autre lettre ,
« veut me faire prêter un carroffe , nous irons à Verfailles ; fans
» quoi , il nous en coûteroit trop cher , & où diroit-on que j'ai
» pris cet argent ? j'attends Subbe à une heure , je te manderai
» demain ce qu'il efpere pour le jour de l'arrivée , & te dirai la
» vérité toute pure. .... Je fais venir Subbe pour écrire au Ma-
» réchal , afin de ne rien faire de ma tête ».

146. Sommée de répondre à tout ce que deffus , qui indique une
relation intime entre elle & Subbe , & relative au placement
d'argent qu'elle avoit tiré du Maréchal ?

. A dit que tout cela font des menteries qu'elle écrivoit à Vedel.

147. A elle remontré que toute fa défenfe n'a pas l'ombre de
vraifemblance , nous voyons , indépendamment de la multitude des circonftances qui démontrent que M. le Maréchal
ne lui a jamais fait de billet , ni écrit de lettres relatives auxdits billets ,

*Qu'elle a contrefait ou fait contrefaire nombre de lettres qu'elle
prétendoit avoir reçues de Pechot , avec lequel elle convient n'avoir
point été en relation ; qu'elle a fait auffi contrefaire l'acceptation de
Pechot au bas des deux mandats de 100,000 écus ; qu'elle a été
en relation intime avec Canron , Doumain & autres fujets renvoyés
de chez M. le Maréchal ; qu'elle a été en relation avec Subbe , &
qu'elle ne fe juftifie de cette relation , qu'en difant que c'étoit une
menterie de fa part ; que c'eft auffi la feule réponfe qu'elle apporte à
toutes les queftions preffantes que nous lui avons faites , en telle
forte que d'après même fon interrogatoire , tout ce qu'elle a
dit , écrit & fait depuis cette manœuvre des billets du Maréchal de Richelieu, fe trouve être de toute fauffeté ; & qu'il
n'y a dans 7 à 800 pieces que nous lui avons repréfentées , que*

les billets de M. le Maréchal, & les lettres relatives aux billets qui feroient vrais d'après elle ; lui obfervons que cette défenfe, fans lui laiffer le mérite attaché à l'aveu d'une faute, lui donne à-peu-près tout ce qui pourroit réfulter contr'elle d'un aveu pofitif.

148. Sommée pour la derniere de nous déclarer la vérité, & lui repréfentons qu'elle le doit à la juftice, à M. le Maréchal de Richelieu, à l'honneur de fa famille & du nom qu'elle porte, à l'intérêt de fes co-accufés, que fes réticences inculpent & compromettent peut-être plus que ne feroit un aveu pofitif, en un mot à elle-même, & qu'il ne lui refte d'autres voies, fi elle eft coupable, que celle d'en convenir, & que c'eft le feul moyen qui lui refte pour intéreffer en fa faveur.

A dit qu'elle n'a rien autre chofe à nous dire ; que tout ce qu'elle fait & a à déclarer, c'eft qu'elle tient les lettres de M. le Maréchal, les lettres qu'elle a dépofées & les billets ; qu'elle protefte contre les véxations odieufes & inouies de M. le Maréchal de Richelieu, & notamment contre la multitude des queftions injurieufes qui ont été faites à la Comparante, quoiqu'elles n'euffent aucun rapport avec les billets, & les lettres qu'il à la mauvaife foi d'arguer de faux, après les avoir envoyées ou remifes lui-même à la Répondante. Déclare auffi qu'elle n'a répondu à quelques-unes de ces queftions, que par déférence pour la Juftice, & pour fe réferver de demander fatisfaction pour tout le tort qu'il fait à la réputation d'elle Répondante, ainfi que celle qu'il fait à fa fanté qui fe trouvé altérée par la fuite de fes perfécutions.

149. Sommée encore une fois de repréfenter ou indiquer où font les originaux des lettres par elle prétendues reçues de M. le Maréchal, relatives à la groffeffe qu'elle lui avoit fait accroire, à fon accouchement, à l'éducation de l'enfant, au projet d'être appellée en Cour auprès de la perfonne du Roi, au voyage de Pechot, & autres ; & lui obfervons que depuis quatre ou cinq jours que dure le préfent interrogatoire, elle a eu occafion de voir, & a vu certainement fes confeils, fa famille & autres perfonnes qui s'intéreffent à elles ; elle a dû leur faire part de la maniere dont on infiftoit pour avoir lefdites lettres, leur faire fentir combien elles importoient à fa juftification, & en conféquence fe les faire remettre & prendre des précautions pour qu'elles fuffent dépofées au Greffe.

A dit qu'elle a parlé defdites lettres , & de la maniere dont on infiftoit pour qu'elles fuffent repréfentées à Me Joly , l'un de fes Confeils , & que ledit Me Joly lui a demandé fi elle favoit où étoient lefdites lettres; & fur fa réponfe qu'elle l'ignoroit, il lui a dit : Eh bien vous ne pouvez pas le dire fi vous n'en favez rien.

Lecture faite , a perfifté & figné , ainfi *figné* VENCE DE SAINT-VINCENT & BACHOIS.

Me TRONCHET, Avocat.

De l'Imprimerie de STOUPE, rue de la Harpe , 1775.

Nota. *Le développement de l'intrigue & des manœuvres de Madame de Saint-Vincent fe trouve principa-
lement dans le fecond Interrogatoire par elle fubi, fur
les Pieces trouvées fous les fcellés de la femme Leroy,
contre l'attente du fieur Vedel. Il s'étoit flatté de dé-
rober aux regards de la Juftice le myftere d'iniquité,
en dépofant chez cette courtiere fa correfpondance avec
Madame de Saint-Vincent, & toutes les autres pieces
qui ont répandu le plus grand jour fur le faux pour-
fuivi par M. le Maréchal de Richelieu.*

9 782329 735009